TERESA CRISTINA WACHOWICZ

CB068898

inter
saberes

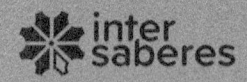

sumário

apresentação, vii

um   o que é avaliação?, 21
umpontoum   Os tipos de avaliação, 26
umpontodois   As "ciladas" da avaliação de sala de aula, 48
umpontotrês   As questões subjacentes à avaliação, 56

dois   o que avaliar?, 77
doispontoum   Os polos teóricos: discurso e estrutura, 82
doispontodois   Mais um componente entre discurso e estrutura: sequências textuais, 93
doispontotrês   Uma nota sobre estilo, 162

três   como avaliar?, 177
trêspontoum   Todo texto é interpretável, 185
trêspontodois   Como corrigir?, 197
trêspontotrês   Como avaliar?, 224

para concluir..., 267

referências, 271

respostas, 281

sobre a autora, 293

apresentação

❦ ANTES DE EU começar a escrever este livro, senti a necessidade de entrar novamente em uma escola de educação básica, falar com os professores e perguntar sobre as questões que me motivaram a chegar até aqui: Como avaliar textos dos alunos? Como fazer correções?

Contatei, então, uma colega com quem vivenciei experiências de formação de professores – trabalho a que tenho me dedicado nos últimos 10 anos – e marquei uma hora de entrevistas numa escola que oferta o projeto de educação de jovens e adultos (EJA).

Fui conduzida à sala dos professores de Português. Havia uma só professora sentada a uma enorme mesa de trabalho com uma pilha desorganizada igualmente enorme de papéis de toda sorte: provas, folhas pautadas (que deviam ser de alunos), fichas oficiais a serem preenchidas, livro de presença etc. O ar conservava ainda um sopro de frio guardado da manhã e tinha aquele romântico odor de cera recém-passada no chão de madeira.

De repente, fui surpreendida pela seguinte frase: "Ah, você é da universidade? Então entende de teoria, né?". De fato, há sempre esse hiato que tentamos suplantar. E por isso mesmo arrisquei: "Como você corrige os textos dos alunos?". Pronto! Acionei o gatilho adormecido de um rancor de décadas. "Não dá para corrigir textos aqui! Os alunos mal escrevem. Quando alguém consegue dinheiro para pagar o ônibus e chegar até a escola, já estamos no lucro! Ou quando alguém entende a proposta de texto, já dou pulos de alegria!". Sentia nesse momento que todo aquele sentimento alvissareiro de retornar aos problemas do ensino parecia se liquefazer... E a cruel porta-voz da realidade continuou: "Tive uma aluna com quem trabalhei publicidade durante duas semanas. Leu, respondeu, desenhou. E no fim, quando pedi pra ela fazer uma página publicitária, não saiu nada... Só algumas frases soltas!".

Mas um depoimento me chamou realmente a atenção. A professora me apontou mais um problema, especialmente na EJA: a forte heterogeneidade entre os alunos. Uns têm mais de 70 anos, outros são jovens recém-motivados a voltar à escola depois de anos de trabalho ganhando dois salários mínimos. Há ainda aqueles que têm doenças graves, como o caso de uma aluna que demorou alguns meses para dizer que não conseguia enxergar nada, quando então ambas – aluna e professora – resolveram comprar uma lupa (em uma loja que vende produtos a "R$ 1,99"). Logo depois, um médico diagnosticou o problema da aluna: glaucoma avançado... Ah, some-se a isso o fato de a escola ter um projeto de inclusão social. Por isso, ali também são acolhidos ex-dependentes químicos em tratamento, ex-detentos em regime de recuperação, ex-moradores de rua... E, de "ex-" em "ex-", os ideais do trabalho do professor fatalmente parecem ficar em segundo plano. E **o que fazer, então?** Foi essa pergunta simples e ingênua que me motivou a formalizar outra mais objetiva: "Quer dizer que 'nota' não existe mais, dada essa realidade tão variada?". E de pronto escutei: "Exatamente".

O quadro da realidade das escolas é realmente desolador. Não preciso nem detalhar aqui outros fatores que engrossam o caldo desse caldeirão: os baixos salários, as políticas internas "de cozinha" nos núcleos e secretarias de educação (e também as políticas externas do pula-pula dos governos!), os distúrbios do sono, as síndromes do pânico... No caso da experiência relatada pela professora, dá mesmo a impressão de que o caminho *default* é a inércia, de que fica mais fácil fazer o mínimo, pois é o mínimo que se consegue. E a nota, nessas alturas, fica sendo artigo de luxo. E, já que entrei no terreno das síndromes (e, já que a gente tem o costume na universidade de categorizar as coisas, na velha tradição aristotélica), vou nomear essa enfermidade de **síndrome da inércia pedagógica**: nada se faz nem se desfaz, tudo fica fatalmente como está.

Quando saí da sala de Língua Portuguesa, dei uma volta na escola e vi alguns professores dando aula. Tinha um professor bem animado (com cara de quem pendurou a foto do Che Guevara no lado interno da porta do quarto), gesticulando os braços em frente aos alunos boquiabertos, alguns esboçando um sorrisinho. Na lousa, pendurada com barbante, uma pintura feita por Pedro Américo – aquela da Independência do Brasil*, em que o perfil pueril de Dom Pedro I até esconde sua personalidade festiva. Hum, que legal... Há, então, outro lado dessa moeda, que não é tão animador quanto o esperado.

Encontrei em seguida a minha colega mentora da visita e fomos conversar na biblioteca da escola, onde havia mais ou menos uns 30 professores, conversando, ou corrigindo provas, ou adiantando os *e-mails*. Ah! Havia uma professora que digitava uma aula na máquina de escrever em *braille*. Era uma cena que evidenciava a falta de lugar mais reservado para trabalhar. Não havia nenhum aluno ali.

Nossa conversa foi muito mais serena e demorada; entre as tantas mazelas repetidas que escutei, minha companheira apontou para uma segunda síndrome: a **síndrome da ditadura curricular**. Os professores, não só os da EJA, mas também os de outros níveis do ensino regular, ficam aguardando para ver o que os programas curriculares – do estado, da prefeitura ou do Ministério da Educação (MEC) – vão apresentar como proposta de trabalho. Segundo minha colega, eles ficam curiosos para ver "o que é que têm de fazer agora". No entanto, na prática, alguns outros docentes chegam a dizer: "Não interessa, podem mandar o que quiserem, vou continuar trabalhando do jeito que sempre fiz".

Realmente, na experiência em cursos ou oficinas para professores, eu tinha essa sensação de que o que eu dizia era lei: "O que é que estão mandando a gente fazer agora?". Logo eu? Minhas respostas aos alunos sempre têm um "depende"... Como

---

* Acesse <http://upload.wikimedia.org/wikipedia/commons/c/cb/Independencia_brasil_001.jpg> e conheça a pintura retratada por Pedro Américo.

é que vou comandar uma legião de práticas para se trabalhar texto, gramática ou avaliação?

Há, efetivamente, um conjunto enorme de pressupostos para se começar o trabalho, entre os quais: nada se ordena nem se condena, tudo se estuda. Logo, os Parâmetros Curriculares Nacionais (PCN), as Orientações Curriculares Nacionais (OCN), as Diretrizes Curriculares Estaduais (DCE) ou os Programas de Orientações Curriculares das prefeituras não são compêndios axiomáticos dos quais se derivam ditames de metodologia e didática. Tampouco precisam necessariamente ser interpretados de acordo com orientações ideológicas cegas, que ignoram realidades. A ideia é muito mais simples do que se imagina: **o professor precisa estudar, estudar e estudar.** Paralelamente a isso, ele precisa – de preferência – discutir, praticar e depois discutir de novo. Resumindo: a autonomia é o melhor remédio contra essa maledicente síndrome.

Para terminar a alegoria infelizmente não fantasiosa desta história, encontrei, já na calçada de fora, mais uma professora: uma ex-colega de faculdade. Desabafei sobre os relatos ouvidos e sobre minha ansiedade de escrever a respeito do assunto *avaliação*, que, naquele momento, parecia estar a anos-luz de distância dos interesses dos professores. Mesmo assim, não hesitei em insistir e perguntei a ela sobre as anotações na correção dos textos dos alunos: "Você escreve 'Qual é a intenção do seu texto?' ou, para tentar uma reescrita, 'Você não deixou seu posicionamento claro'?". Serenamente, ela me apontou para mais um problema: o da **resistência dos próprios alunos**. Segundo ela, eles não entendem o que você diz ou escreve pela sutil e abissal barreira social que já está na sociedade e – óbvio – se fortalece na escola. Disse-me: "Se eu escrever isso, ele não vai entender. Tem uma barreira de forças sociais que deixa o cara surdo. Ele pode até saber o que é 'intenção', mas a distância entre o que você quer saber e a resistência social-emocional dele deixa ele inerte"*.

Como chamar essa resistência? Que tal **síndrome da barreira social linguística**? Pois é. Essa talvez seja a mais cruel de todas elas. Mais do que uma questão localizada na tradição da inércia pedagógica ou na concepção prescritiva das políticas de formação de professores, essa barreira está na nossa história como formação nacional: somos um país pós-colônia, em que as desigualdades formaram a tradição de nossas instituições e minaram a dinâmica de nossas relações sociais, especialmente das modalidades de comunicação linguística. Obviamente, deixo isso para os bons pensadores de nossa condição histórica, como os Josés Murilo de Carvalho ou os Antônios Cândido. Mas o fato é que, aqui, a escola passa a ser uma caverna de Platão: nada se ouve nem se responde, tudo se lobotomiza.

Evidentemente, há algumas coisas a dizer sobre isso. Especialmente sobre o recorte da questão de avaliação de textos. Acho mesmo que há alternativas do que se fazer para combater a síndrome da inércia pedagógica: há o que escrever e o que avaliar nos textos dos alunos. E acho mesmo que a realidade que vivenciei na escola de EJA é bastante relativa. Há muita gente trabalhando bem, tanto na EJA como no ensino regular, com a caneta entre os dentes, apesar dos salários. Por outro lado, há também muitos "figurões" no ambiente universitário/acadêmico lançando

---

* Todos os depoimentos de professores presentes neste livro são reais e foram coletados ou por conversas nas escolas, ou por trocas de *e-mails*. Agradeço imensamente aos professores que contribuíram para o trabalho: Z., R., A., J., D., M.

opiniões perigosas sobre correção ou avaliação: "no fundo, no fundo, a gente acaba vendo só a forma...", ou: "Não interessa. Pode fazer qualquer tipo de prova de vestibular, pois aluno bom mesmo acaba sempre passando".

Quanto à síndrome da ditadura, há atualmente algumas propostas teóricas que podem sinalizar caminhos avaliativos e orientações para reescrita, que funcionam muito mais do que como leis metodológicas. As teorias de linguística textual de linha sociocognitivista, por exemplo, pipocam em ideias que se podem transferir para a prática.

Já no que diz respeito à síndrome da resistência social, podemos fazer nossa parte, mas suas veredas terapêuticas ultrapassam estratosfericamente os limites destas páginas.

Porém, sobre avaliação, há questões a se levantar na própria experiência de correção de textos escritos. Para além do relato de experiências com os professores e/ou sua realidade de trabalho, nesta obra vou ilustrar problemas de avaliação nos próprios textos coletados durante minha experiência como professora: dois textos de alunos universitários do curso de Letras e outro de uma aluna de 8ª série (atual 9º ano). Quero provar, dessa forma, que há mais questões de avaliação específica de domínio de escrita do que pressupõe a velha fórmula dicotômica "forma" *versus* "conteúdo".

Na ementa da disciplina de Língua Portuguesa I do curso de Letras da Universidade Federal do Paraná – UFPR (o que equivale a disciplinas introdutórias da causa linguística de vários cursos superiores), preveem-se os trabalhos de leitura e produção de textos acrescidos de leitura e discussão de propostas teóricas sobre noção de língua e gramática. Em outros termos, é uma ampla discussão que fazemos com os alunos que entram com a concepção ultratradicional e tecnicista-utilitarista da dupla língua/gramática dos cursinhos e mundo experiencial afora. Há também, nessas disciplinas, muita produção textual, com reescrita e revisão de conceitos. Como a vida do acadêmico durante o curso superior é recheada de resumos, ensaios, resenhas e argumentações em monografias e respostas de prova, as propostas de produção abordam esses gêneros acadêmicos.

Numa versão não tão longínqua da disciplina de Língua Portuguesa I (provavelmente de 2009), apresentei a primeira proposta de produção aos alunos: uma descrição de como é o português falado do dia a dia. Essa proposta provocava diretamente o uso da primeira pessoa: "Quais são as linguagens do meu português?" (o pronome possessivo foi escrito no quadro assim mesmo, sublinhado). Obviamente, tínhamos lido um texto introdutório sobre concepção de língua, como os de Bagno (2001, 2003), Perini (2001; 2004), Scherre (2005), entre outros, em que a questão central é ver a língua como um conjunto de modalidades, inclusive a escrita, e não como um cristal inatingível passível de regras prescritivas. Uma das produções foi a apresentada a seguir.

Texto 1 – Descritivo sobre as variações do português – calouro de Letras

> Assim como tudo com relação ao ser humano evolui, a língua se modifica com o passar do tempo. Não há gramática que suporte tantas variações quanto as que os falantes de um idioma empregam no cotidiano.

> O que comprova isso são os fatos que poderiam, há algum tempo, serem considerados inadmissíveis dentro dos padrões da norma culta da língua portuguesa e hoje são aceitos pelo constante uso na fala.
> As diversas variantes da linguagem oral admitem inúmeros formatos para um mesmo enunciado. O termo 'língua portuguesa' é bastante amplo, não podemos admitir apenas uma forma imutável e tentar aplicá-la na oralidade. Existe um 'tipo de língua' para cada evento. Vale ressaltar que todas essas linguagens vão se diferenciar daquela que usamos na escrita, esta deve seguir ao máximo as regras estipuladas pela norma padrão, ou ao menos se aproximar disso, também dependendo da ocasião. É claro que ao escrever um bilhete ao amigo podemos nos desviar um pouco das normas, porém não totalmente, sob pena de não conseguirmos transmitir a mensagem que pretendemos.
> Todas essas informações nos permitem separar essas variantes em duas grandes vertentes: uma linguagem falada – aquela que está presente o tempo todo em nosso cotidiano; e a linguagem escrita – que tem utilidade menos frequente para algumas pessoas do que para outras.

FONTE: Acervo pessoal da autora.

Não há nada de errado com o texto. Todos os pingos estão nos is, e todos os acentos estão nos seus devidos lugares. Porém, o texto parece ter perdido sua finalidade: o aluno não citou nada a respeito de suas próprias experiências linguísticas. Há, de fato, alguns trechos que podem ter sido transcritos das aulas e/ou dos textos lidos em sala, como "Existe um 'tipo de língua' para cada evento", assim como há posicionamentos de um discurso anterior tradicional, arraigado no julgamento condenatório que o aluno faz da língua ("[...] podemos nos desviar um pouco das normas, porém não totalmente, <u>sob pena de</u> não conseguirmos transmitir a mensagem que pretendemos."). No entanto, a proposta claramente pedia exemplos, pois o plural no enunciado (linguagens) levava a isso, na tentativa de amarrar a proposta à aspectualização da descrição trabalhada em sala.

Além disso, a proposta vinculava o texto às próprias experiências do aluno, como se os exemplos funcionassem como eixo organizador dessa aspectualização – esse é outro problema: escrever "eu" no texto torna-se muitas vezes difícil para quem passou pela massificação da redação pré-vestibular. "Não use primeira pessoa", "não escreva em algarismos arábicos" e "não rasure; escreve 'digo'" são algumas das regras que não contribuem em nada senão para deixar o aluno mais traumatizado com o próprio texto*.

Veja outra produção a seguir.

Texto 2 – Descritivo sobre as variações do português – calouro de Letras

> Quais são as linguagens do meu português?
>
> No dia-a-dia, na faculdade com meus colegas, ou em casa com meus familiares, comunico-me com uma linguagem simples sem maiores preocupações com a gramática normativa, ou seja, utilizo a linguagem coloquial. Por exemplo, falo frases como: " a gente tá legal e vocêis?" ; "e ai cara como ce tá hein?" ; " vo no mercado de manhã"; e outras mais abreviações e gírias.
>
> Já em atividades pouco mais formais, como a convivência com os colegas de departamento, falo me preocupando com a pronuncia correta das palavras, prestando atenção na coerência, nos pronomes, no tempo verbal, etc. Por exemplo, se acaso falasse as sentenças acima, elas seriam ditas da seguinte maneira: "nós estamos bem e você?"; "ola como você está?" ; "vou ao mercado pela manhã".
>
> Muito raramente pronuncio palavras complicadas ou pouco usadas, somente no caso de conversar com um professor ou entrevistas de emprego.

FONTE: Acervo pessoal da autora.

---

* Em Bernardo (1991), analisam-se textos de alunos sob a perspectiva dos movimentos morais escolares e sociais, mais repressores do que libertadores.

O aluno responde à proposta, trazendo exemplos concretamente vivenciados por ele. Mas só. O texto não rende, uma vez que não sai da listagem de situações – que cita exemplos de diferentes ordens – coerentemente marcada por um operador de oposição ("Já").

Voltando à avaliação: eu estava com os textos 1 e 2 em mãos e tinha de atribuir nota a eles sob os mesmos critérios. No entanto, o primeiro, que demonstra maior domínio de escrita, não foi direto ao ponto, e o segundo, que perde no aspecto formal, traz exemplos concretos conforme o que foi trabalhado em sala.

Foi aí que me perguntei: "Afinal, o que eu estou avaliando: a vida escolar do aluno até o ensino médio, o que fizemos em sala ou a proposta de controle dos conceitos e domínio de textos da vida acadêmica vindoura?". Mas a pergunta mais lancinante foi: "Como avaliar os textos e atribuir nota para um e para outro de forma a responder a critérios mais ou menos equivalentes?".

Com relação à primeira pergunta, esboço uma resposta preliminar, que é optar pelo foco do trabalho em sala: quero avaliar o que estamos aprendendo, e não o que ele aprendeu em seus pelo menos 15 anos de escola. E a saída para a maioria dos textos nesse sentido é pedir a **reescrita**. Assim, avalio o que estamos fazendo na disciplina. Porém não é qualquer reescrita, e aí vem uma sugestão de resposta para a segunda pergunta. A proposta foi uma descrição das próprias experiências linguísticas de cada um, e isso pressupõe uma estruturação no nível da composição textual, que requer caminhos do tipo **tematização, aspectualização, relação** e **retomada**, no foco temático do relato em primeira pessoa (Adam, 1999, 2001, 2008). É na base da sequência textual da descrição que orientaria a reescrita.

A mesma problemática foi observada numa outra situação avaliativa feita durante uma oficina de correção de textos de alunos coordenada por mim, cuja proposta era um texto opinativo para a 8ª série (hoje, 9º ano) sobre a violência entre os jovens. O objetivo da correção era o levantamento estatístico de problemas textuais dos alunos da rede estadual do Paraná, no ano de 2002.

Texto 3 – Opinativo sobre a violência entre os jovens – Aluna de 8ª série (9º ano)

> Bem todos nós sabemos que a violência já está tomando conta do Brasil principalmente com nós adolescentes e crianças.
> Eu já fui violentada sexualmente e sei que isso é orrivel. é o que é pior pela meu propria Tio ele me violentou quando tinha 10 anos, eu morrava no interior da roça e lá tive minha pior infancia. Meu pai e minha mãi foram trabalhar e eu fique limpando a casa já que minha irmã mais velhi estava estudando de manhã Ele ficou e disse para o pai que iria depois, que nada ele entrou em meu quarto Na tudo aconteceu ele me bateu por que não queria ir para a roça com ele. foi o dia mais terrivel.
> Mas graças a Deus eu contei para a minha Amiga Ana maria e ela me ajudou a ir a policia e contar tudo a ela, até hoje ele continua preso.
> Mas infelizmente a maioria das vezes os adolesentes não tem coragem para ir a policia, eu tive porque minha amiga me ajudou se não nunca teria tido. Tomara que todos os jovens com coragem como eu é denuncia esses cachorros a policia.

FONTE: Acervo pessoal da autora.

O texto foi zerado. Quando ele passou pela minha mão, o feroz rabisco vermelho me chamou a atenção e li o texto. Perguntei para o professor o motivo da anulação e ouvi o seguinte: "Ela fugiu ao tema".

Foi uma opção tensa na oficina, mas expus o problema em sala e resolvemos atribuir a nota 8,0 ao texto. Por quê? Ela não fugiu ao tema. O que aconteceu é que a proposta disparou o gatilho de uma situação emocional na aluna, que a fez marcar predominantemente o texto com o argumento da alegoria: uma história sustentando o ponto de vista assumido, que, diga-se de passagem, está bem marcado no início e no final do texto, em todas as nuances discursivas que o tema suscitou.

Novamente a pergunta: "Como avaliar?". Se o objetivo é desenvolver raciocínio argumentativo, há uma estrutura de base que pode ser tomada como o norte da análise: a sequência argumentativa, formada pelas posições do **fato**, dos **argumentos** inferidos do fato, do **ponto de vista do texto** e do **posicionamento a que o texto se contrapõe** (Adam, 2001, 2008).

Permeando a concepção do texto como estrutura sociocognitiva subjacente à forma aqui sugerida, surgem questões formais e discursivas nos extremos de uma hierarquia de critérios que podem ser contemplados no momento da correção e da avaliação. Nesse texto, há questões ortográficas localizadas ("presso" [preso], "infelismente" [infelizmente] etc.), mas há momentos sugestivos da voz contrária ao texto, como na expressão "esses cachorros". Quem são eles, no plural? Não seriam as pessoas que cometem crimes sexuais contra crianças e adolescentes? Sendo assim, como referir isso no texto?

Dada essa problematização preliminar – centrada nos exemplos de depoimentos das professoras da EJA e nas questões de estruturação de texto e avaliação dos exemplos citados –, minha proposta neste livro é bastante simples: é possível avaliar, mas isso requer uma alternativa, o **trabalho textual nos gêneros**, na hierarquia "discurso – sequências textuais – gramática" que os sustém.

Assim, a apresentação deste livro se dará da seguinte forma: o **Capítulo 1** visita o conceito de avaliação, especialmente aquela centrada na prática processual de sala de aula; já o **Capítulo 2** define as categorias do texto que podem ser avaliadas, num caminho dos critérios do discurso para os critérios das unidades gramaticais e formais, passando por estruturas textuais que funcionam como substrato dos gêneros textuais, com base em Adam (2001, 2008); e o **Capítulo 3**, tendo como base os critérios teóricos do Capítulo 2, propõe alternativas de correção e avaliação de textos, resgatando o clássico princípio de interpretabilidade, de Charolles (2002), e suas aplicações em um modelo de tabela avaliativa.

É nesse sentido que proponho o trabalho deste livro: muitos exemplos e muitas análises de avaliações fundamentadas no caminho "discurso – sequências textuais – 'opção gramatical'". Com isso, espero diminuir o peso que as síndromes do nosso trabalho pedagógico representam para a opção idealista de ainda querer trabalhar alguma coisa com (e para) os alunos.

um   o que é avaliação?
   dois   o que avaliar?
   três   como avaliar?

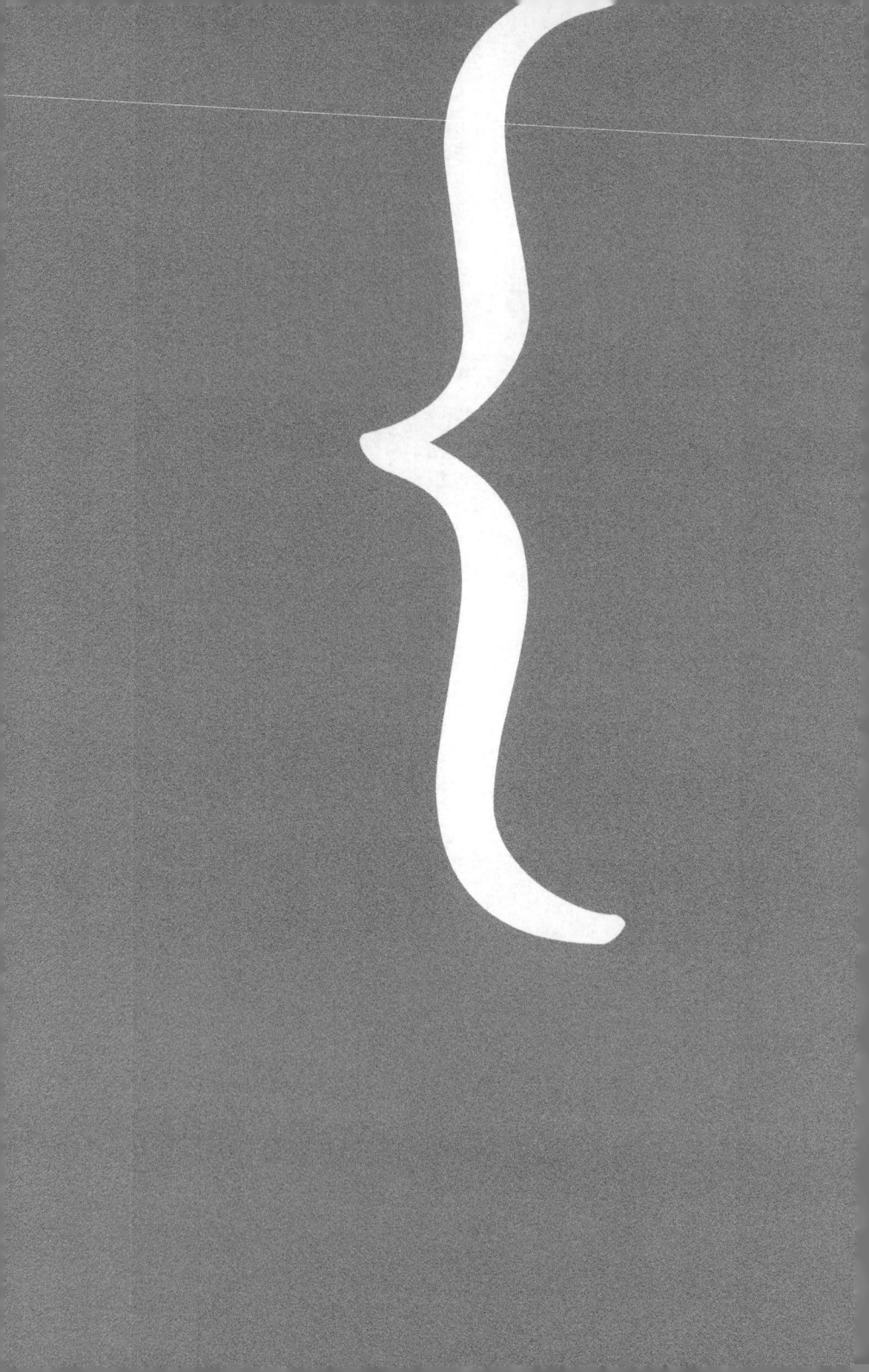

❴ A PRÁTICA DE avaliação e os critérios envolvidos nem sempre estão esclarecidos para os professores, especialmente os de língua e de outras disciplinas específicas, que não passaram pela verticalidade da formação teórico-pedagógica. Há muitos conceitos a serem desvendados, como a diferença entre as avaliações processual, seletiva e de sistema. Se a prática de sala de aula nos leva ao recorte da avaliação processual, há situações emblemáticas que podem ser refletidas: a proximidade com a realidade metodológica ou o hiato temporal pressuposto na avaliação. Mas essa empreitada não traz só problemas. Tomadas algumas respostas de ordem conceitual – resultantes da análise das oposições "avaliação informal *versus* formal", "descrição *versus* julgamento", entre outras –, as opções de avaliação podem tornar-se mais conscientes. Nesse contexto, este capítulo tem o objetivo de explicitar os conceitos centrais de avaliação que facilitam nosso caminho para a escolha da avaliação mais coerente.

Introdução

A pergunta que dá título ao capítulo não é trivial. E bem sabemos que os teóricos em Educação promovem amplos debates sobre o assunto, sem esboçar consenso. Óbvio! Se fosse um tema com resposta fechada, não seria uma questão teórica ou científica. Aliás, a própria concepção rasa de ciência prevê a dialética das hipóteses.

No entanto, o objetivo deste capítulo é bem mais simples do que o emaranhado filosófico da questão: trazer uma conceituação de avaliação aos professores de língua, ou seja, aos professores que estão supostamente distanciados da discussão teórico-filosófica da Educação. Logo, o tratamento à avaliação exposto aqui é rudimentar, mas necessário.

Também sabemos que atribuir notas a textos produzidos pelos alunos não é uma tarefa tranquila e que está longe de ser uma empreitada sem culpas. Uma aluna minha, a professora J., quando questionada sobre o assunto, enviou-me um depoimento que mais parecia um desabafo em formato de lista de perguntas: "Há casos em que o aluno continuamente tem desempenho ruim, mas, surpreendentemente, apresenta um texto mais razoável. Você atribui uma nota real para o texto, ou uma mais alta e fictícia como incentivo para ele não se frustrar e continuar tentando? No ato da avaliação, para atribuir nota, devo comparar os textos dos alunos? É justo?".

O problema do sentimento de justiça do professor talvez seja, em sua origem, subjetivo, ou, em termos mais melindrosos, psicanalítico. Porém, aqui, a proposta de contorno da questão não pretende abordar essa linha. A intenção é tratar sentimento de culpa com conscientização do que é a avaliação e, posteriormente, nos Capítulos 2 e 3, abordar questões teóricas e práticas de texto que podem orientá-la.

Nesse sentido, percorreremos neste capítulo caminhos que têm constantemente como orientação a dissociação de conceitos. Ou seja, a noção de avaliação, sobretudo para o nosso leitor-professor de área específica, é uma massa nebulosa que carrega vários subconceitos, que precisam ser separados para serem compreendidos. Nossos três caminhos são os seguintes: um tipológico, que levanta os tipos de avaliação comumente listados pela área da Educação (1.1); um descritivo, que levanta as características paradoxais da prática avaliativa de sala de aula (1.2); e o terceiro, unificador, prospectivo, que traz questões de base de toda situação avaliativa e, por isso mesmo, é sinalizador de uma proposta de conscientização acerca do que perguntar (e responder) dentro da prática (1.3).

Para refletir e discutir

Quais são as suas dúvidas com relação à avaliação de textos? São semelhantes às dos seus colegas? Que experiências foram positivas nesse sentido?

umpontoum
Os tipos de avaliação

A primeira grande separação que os especialistas em avaliação fazem para leigos é que avaliação de sistema é uma coisa e avaliação de sala de aula é outra. Acrescentarei a essa dupla uma terceira prática avaliativa: a avaliação seletiva.

A **avaliação de sistema** consiste nos mecanismos de levantamento de resultados de um programa curricular amplo. Algumas secretarias governamentais de educação, como a do Estado do Paraná, desenvolveram no Brasil, a partir da década de 1990, exames estatisticamente orientados para obter dados sobre o andamento da aprendizagem de um determinado recorte curricular.

O próprio termo *currículo* pode gerar uma chusma de discussões, pois ele abarca desde "um programa para determinada disciplina numa dada série, ou o programa para determinada disciplina durante todo um grau, ou mesmo um programa que cobriria diversas disciplinas para uma única série ou para todo um grau" (Ochs, 1974, citado por Stake, 1976, p. 4).

Frise-se também que o termo *programa* tem sentido mais técnico e explícito, enquanto *currículo* tem sentido mais abrangente e abstrato. Podemos dizer, então, que há um programa de Língua Portuguesa para o 9º ano do ensino fundamental, numa dada escola ou rede escolar, fundamentado nas orientações curriculares da secretaria estadual.

Logo, a noção de currículo é escalar, ampla e plástica, uma vez que depende do recorte que a técnica avaliativa vai enfocar. E a avaliação de sistema, também nomeada como *avaliação curricular*, tem o objetivo de diagnosticar um estado de aprendizagem de um grupo de escolas, como uma região, um município ou um estado, na base de um recorte curricular fechado em um programa.

Voltando ao exemplo da Secretaria de Estado da Educação do Paraná (Seed-PR), na década de 1990 e começo dos anos 2000 havia um programa de avaliação de sistema chamado *AVA* (de *avaliação*), que recortava, segundo as orientações do Sistema Nacional de Avaliação da Educação Básica (Saeb), filiado ao Ministério da Educação (MEC), a 4ª série, a 8ª série e o 3º ano do ensino médio como níveis emblemáticos de checagem de andamento do sistema.

A seguir, há um trecho do *Guia para elaboração de itens de Língua Portuguesa*, desenvolvido pelo Saeb, que orienta os professores que vão elaborar as questões a serem aplicadas no sistema estadual, numa amostragem estatisticamente relevante dessas séries.

Texto 1.1 – Trecho do *Guia para elaboração de itens de Língua Portuguesa*, desenvolvido pelo Saeb

> Iniciado em 1990 – e desde 1993 em anos ímpares –, o Saeb aplica provas que avaliam níveis de desempenho de alunos da educação básica, de escolas públicas e particulares do país. Além de provas, o Saeb aplica, também, questionários de avaliação de fatores associados ao desempenho dos estudantes. Esses questionários são respondidos por alunos, por professores e por diretores.

> Os dados, obtidos com a aplicação desses instrumentos, depois de analisados, estimam a proficiência dos alunos, distribuindo-os numa escala única. O resultado da análise aponta, também, diversos fatores e aspectos que estão associados à qualidade e à efetividade do ensino ministrado nas escolas.
>
> As informações do Saeb fornecem subsídios concretos para o MEC e para as Secretarias Estaduais e Municipais de Educação na formulação, reformulação e monitoramento de políticas públicas, contribuindo, assim, para ampliar os níveis de qualidade, equidade e eficiência da educação brasileira. Além disso, oferecem subsídios para a definição de ações voltadas para a correção das distorções e debilidades identificadas.

FONTE: Inep, 2004, p. 7.

Tudo em nome da "qualidade da educação". Note que a perspectiva é essencialmente quantitativa. Não se toma como objeto de avaliação um aluno específico, mas "os alunos" ou "o aluno", como expressões nominais de semântica essencialmente genérica. Ou seja, o objetivo não é avaliar como os alunos estão se desenvolvendo, como em uma avaliação de sala de aula; igualmente, o objetivo não é selecionar alunos para ver quem vai ingressar em uma universidade ou, então, para ver quem consegue aquele cobiçado emprego, como na avaliação seletiva.

É interessante observar também a orientação dos resultados como instrumentos de ação do governo. No papel, é uma proposta respeitável, mas, na prática, traduz uma grande dificuldade de orientar as questões de prova (chamadas pela Saeb de *itens*) de conteúdos específicos, dada a natureza das temáticas em ciências humanas, como leitura-produção, interpretação de textos históricos e inferência crítica, que destoa sobremaneira do fundamento quantitativo-matemático discriminatório da orientação para disciplinas mais "exatas". Ou seja, fazer um item de matemática é absolutamente diferente de fazer um item de interpretação de texto.

Para a avaliação das "habilidades linguísticas dos alunos que compõem a competência textual" (Inep, 2004, p. 9), organizam-se descritores que especificam a capacidade de o aluno perceber a estrutura do texto e de fazer inferências e paráfrases do texto, isto é, leitura e escrita. Por exemplo, um descritor X, relativo à capacidade de o aluno perceber a estrutura de um texto, fica nomeado como "distinguir um fato da opinião relativa a esse fato".

Note, novamente, o uso dos termos *competência* e *habilidade* no documento do Saeb. Se você tem conhecimento na área, provavelmente já começou a "sentir o cheiro" de cognição. De fato, o material é orientado por essa perspectiva teórica, cujo pressuposto é uma mensuração do desenvolvimento cognitivo do conjunto de alunos. Quer dizer, o aluno da região do Vale do Ribeira (ao norte de Curitiba), uma das mais miseráveis do país, é tomado em pé de igualdade com o aluno do bairro Batel, na mesma cidade, de classe média mais do que bem abastecida.

Mesmo com questões problemáticas de ordem metodológica, como o agrupamento das orientações para elaboração de itens de Matemática e Língua Portuguesa no mesmo pacote, e mesmo com questões de ordem teórica, como o pressuposto cognitivista num recorte curricular com amplas e enraizadas distorções sociais, os resultados da avaliação de Língua Portuguesa foram bastante interessantes*. Em linhas gerais, tomando como meta a leitura de gêneros variados, os alunos leem e interpretam melhor textos de narrativas do que os de outros gêneros, sobretudo de opinião e posicionamento explícito. Como resultado, já em 2002, percebemos que o trabalho com gêneros variados estava pouco incentivado. E o mais interessante: identificamos que as narrativas são mantidas por experiências de letramento fora da escola, na consolidação das práticas de comunicação da criança diante de desenhos animados, historinhas, filmes etc., que o professor, certamente, concretiza em sala de aula. Mas onde ficam outros gêneros da cultura letrada, para além da ficção, como a entrevista, a carta de leitor, a propaganda? Ou onde ficam os gêneros que apontam mais diretamente em direção à ascensão social, como o edital de concurso e o boletim informativo de empresa?

Bom, avaliação de sistema é isto: um levantamento do desempenho de recorte curricular. No entanto, há inúmeros outros direcionamentos da avaliação de sistema que têm em comum essa orientação ampla: a avaliação de rendimento acadêmico, hoje conhecida como *Exame Nacional de Desempenho de Estudantes* (Enade); a avaliação de programas de graduação e pós-graduação nas universidades, gerenciados pela Coordenação de Aperfeiçoamento de Pessoal de Nível Superior (Capes), entre outros.

Evidentemente, os objetivos desses amplos projetos de avaliação não deixam de guardar seus problemas. Os resultados do Enade, numa primeira visão intuitiva, podem ser questionados

---

* Os resultados da análise dos itens de Língua Portuguesa estão disponíveis no *Caderno AVA 2000 – Língua Portuguesa: uma análise pedagógica* (Paraná, 2001).

na medida em que nem todos os programas selecionados participam das provas. Nos últimos anos, por exemplo, os alunos da Universidade de São Paulo (USP) e da Universidade Estadual de Campinas (Unicamp) recusaram-se a participar das provas, sob a alegação de que a prova estava equivocadamente fundamentada. Nesse sentido, o *ranking* dos cursos superiores nas universidades estava fiel à nossa realidade? Ou, mais especificamente, uma nota A, concedida a um programa de graduação, revelava efetivamente uma nota máxima, dado o vácuo que a ausência dos alunos de renomados cursos causou?

Além disso, o objetivo desse tipo de avaliação não deixa de contemplar a ideia de ranqueamento (do inglês *ranking*), em que os resultados são dispostos em uma ordenação classificatória que distribui, no raciocínio meritocrático, as devidas recompensas aos devidos primeiros lugares. Segundo a avaliação da Capes sobre os programas de pós-graduação, por exemplo, são distribuídas mais bolsas para alunos e professores aos programas que mais produzem. Na escala do quantitativo, quem pesquisa e escreve mais ganha mais dinheiro para pesquisar e escrever mais.

Para além de um necessário mínimo controle do que se faz em ciência no país, há, obviamente, críticas mais viscerais a esse tipo de orientação. Os critérios são nitidamente orientados para a quantidade absoluta dos resultados, e pouco se tem considerado a respeito das contingências de cada programa, em suas condições históricas. Um programa de pós-graduação de uma universidade voltada amplamente à extensão universitária, como é o caso de várias universidades federais do Brasil, é diferente de um programa de uma universidade que foi batizada como centro de excelência em pesquisa do país, como é o caso das estaduais paulistas (Unicamp e vários *campi* da USP).

Em linhas gerais, a consequência mais direta da avaliação da Capes sobre os programas de pós-graduação é que o programa que já está bem torna-se melhor ainda, mas os programas de outras naturezas ficam precariamente contemplados.

De acordo com Barriga (2002, p. 24),

> *Isso tem feito com que os Programas mais consolidados recebam recursos e os menos consolidados sejam abandonados. Isto é dramático para um país que cresceu em uma estrutura completamente centralizada. Um problema substantivo para as políticas consiste em estabelecer mecanismos não só para apoiar os Programas que estão consolidados, mas também para dar mais apoio aos que se encontram em um processo de constituição.*

O argumento central de Barriga é que o modelo vigente de avaliação fundamenta-se nas naturezas norte-americana e europeia, enquanto na América Latina as condições de avaliação precisam ser minimamente repensadas:

> *Isto requer aceitar uma aposta que nossa educação superior deve mudar para adequar-se às necessidades do mundo atual, as que emanam da globalização, porém também as que surgem do reconhecimento do papel que o sistema de educação superior deve exercer para as condições da sociedade latino-americana.* (Barriga, 2002, p. 26)

Toda essa discussão em torno dos problemas das avaliações de sistema – desde o estabelecimento dos critérios de avaliação curricular estadual até a necessidade de reconhecimento de realidades socioculturais díspares nas avaliações de educação superior da Capes – corrobora a conclusão a que se quer chegar neste livro: é possível avaliar, mas não com base em qualquer critério, tampouco em critérios essencialmente formais, como é o caso da avaliação de adaptação normativo-gramatical dos textos dos alunos.

Conforme vamos expor na Seção 1.3, há questões que se podem explicitar, e há respostas que podem orientar melhor uma prática avaliativa, inclusive a de sistema. Não se pretende, com isso, fazer grandes críticas ou propor grandes alterações nos programas oficiais de avaliação. Voltamos a resgatar nosso objetivo: trazer à tona para o professor de língua as questões que envolvem o trabalho avaliativo nos textos. Nesse sentido, a avaliação de sistema é um tipo específico de avaliação, porém distante da que queremos chegar, que é a avaliação de sala de aula.

Para saber mais

Site

INEP – Instituto Nacional de Estudos e Pesquisas Educacionais Anísio Teixeira. Disponível em: <http://www.inep.gov.br>. Acesso em: 17 nov. 2014.

> No *site* do Instituto Nacional de Estudos e Pesquisas Educacionais Anísio Teixeira (Inep), encontram-se informações detalhadas sobre os conteúdos específicos das avaliações de Língua Portuguesa, resultados estatísticos e análises. Além disso, há publicações de apoio para o professor nas diferentes áreas disponíveis.

Na **avaliação de sala de aula**, também nomeada como *avaliação de processo* ou *avaliação de aprendizagem*, o foco não é mais o currículo, mas a aprendizagem pelo aluno. A análise aqui não é mais a escala ampla de conteúdos derivada de diretrizes curriculares, como a da avaliação de sistema, mas pontual, centrada essencialmente em cada indivíduo que participa de um grupo de vivência de sala de aula. Em outras palavras, a escala agora é temporal. Uma última comparação: atualmente, quem faz a avaliação de sala de aula é o professor, que mensura o rendimento do aluno, e não mais organismos de instituições públicas ou privadas, orientados por políticas de resultado que se baseiam em um diagnóstico de um recorte geral.

Há uma forte relação entre a avaliação de sala de aula e as metodologias empregadas. É como se entre os procedimentos de avaliação e os procedimentos metodológicos houvesse uma relação simétrica ou especular. Quer dizer, se o professor trabalha muito leitura oral com os alunos, em opções de jogral, posicionamento à frente da classe, distribuição de gêneros variados, incluindo leitura métrica de poemas, entre outros, em algum momento a prática avaliativa vai mensurar essas habilidades. Observe outro exemplo, agora do inverso, e para nós mais pontual: se o professor quer avaliar reescrita, ou a capacidade de o aluno "progredir" entre dois textos, essa prática precisa entrar nas atividades de sala de aula. O aluno não aprende sozinho, mas na interação com o professor e os colegas. Resumindo, não é possível avaliar o que não se trabalha. Daí a forte relação, aqui, entre avaliação e metodologia de sala de aula.

Nessa perspectiva, a avaliação ganha um caráter multifacetado, pois passa a ser dividida entre inúmeros critérios que representam as (ou mesmo se misturam às) atividades de sala de aula. Uma professora de 2º ano do ensino fundamental, por exemplo, programa as notas entre vários procedimentos avaliativos, como ditado, reescrita, participação em perguntas orais e resultados de tarefas de casa. Nesses casos, a nota passa a ser uma grande tabela de mapeamento de conceitos, em que se vislumbra, inclusive, o rendimento da turma.

Anteriormente, porém, não era assim. Os alunos mais velhos, das décadas de 1970 e 1980 para trás, lembram-se bem das provas isoladas (por mês, por bimestre ou por trimestre), que avaliavam, numa tacada só e sob sentimentos de tortura e nervosismo, tudo o que se viu durante um extenso período de tempo. Como assim? Dá para avaliar uma habilidade num deslocamento de tempo tão considerável? Qual é a medida desse hiato temporal?

É justamente aqui que entram os conceitos sobre avaliação que pretendemos esclarecer: estamos falando de avaliação de processo de sala de aula, e não de avaliação de sistema, tampouco de avaliação seletiva. Logo, sua relação com a realidade metodológica é condicionante. Aí está uma resposta ao hiato temporal.

Quer dizer, a multifuncionalidade da avaliação, distribuída nas práticas do dia a dia, aproxima a realidade da avaliação à realidade da sala de aula. Em tempo: o aluno precisa saber que está sendo avaliado. Se não, não há consciência da prática e, portanto, não há avaliação.

A relação entre avaliação de sala de aula e metodologia nos traz à tona várias situações de avaliação no mínimo curiosas. É muito comum, por exemplo, no quadro das disciplinas dos cursos de engenharia e/ou ciências exatas, no ensino superior, haver casos em que o professor reprova quase 90% da turma por meio de provas dificílimas, com problemas matemáticos surpreendentemente novos. Isso ocorre comumente nas disciplinas de base teórica, como Cálculo I, Cálculo II, Física, entre outras. E o pior: há mesmo um consenso entre alunos e docentes de que esses professores, os que "ferram" mais, são os melhores. Os magistrados andam pelos corredores da universidade como se fossem bruxos venerados pela capacidade iluminada de complicar teoremas, resolver integrais quilométricas e... dar nota baixa. Sendo assim, onde está a relação com a sala de aula? O professor cobra os conteúdos repassados aos alunos? São questões que os alunos universitários se colocam, mas para as quais não visualizam respostas.

Outro exemplo, mais próximo de nossa área, é a proposta de avaliação de gêneros específicos de texto. Aí vamos tocar num ponto nevrálgico que efetivamente figura a proposta deste livro: o professor avalia uma estrutura textual que não é trabalhada. Vamos a uma situação específica. Um professor de 5º ano quer trabalhar (e avaliar) o texto argumentativo, na concretização do nome "artigo para o jornal da escola" – eis o batismo de seu gênero.

Como fazer? A saída é escolher um tema e contextualizá-lo: a prática de dar apelidos na escola, por exemplo (o que hoje ganhou o nome jurídico de *bullying**). Então, o professor traz exemplos para a sala, os alunos discutem, dão seus depoimentos e dão muita risada... O professor chama a atenção para as consequências dessa prática, ilustrando casos de crianças que não queriam mais ir à escola, pois ganhavam apelidos como "fundo de garrafa", "orelha de abano" e outras atrocidades, e aí diz: "Pronto, agora vamos escrever um texto opinativo sobre os apelidos. Vai valer nota".

A seguir, vamos ver um texto dessa proposta. Observe que as situações de uso dos apelidos são descritas e um juízo de valor é explicitado, mas vale o lembrete de que a proposta depende de argumentos, e não só da descrição de um estado de coisas, o que, provavelmente, é o que foi trabalhado em sala de aula (o detalhe da ilustração do texto, que pode sinalizar a concepção de mulher do aluno, provoca invariavelmente muito riso).

---

* De acordo com o *Dicionário Aulete*, o termo *bullying*, de origem inglesa, "compreende toda forma de agressão, intencional e repetida, sem motivo aparente, em que se faz uso do poder ou força para intimidar ou perseguir alguém, que pode ficar traumatizado, com baixa autoestima ou problemas de relacionamento" (Bullying, 2014). A prática de *bullying* é comum em ambiente escolar, entre alunos, e caracteriza-se por atitudes discriminatórias, uso de apelidos pejorativos, agressões físicas etc.

TEXTO 1.2 – TEXTO OPINATIVO SOBRE APELIDOS – ALUNO DE 5ª SÉRIE (6º ANO)

> Os Apelidos
>
> Eu acho que apelido é coisa séria que nem o 2º nome da pessoa, pode ser apelido fofo ou apelido comediante, por tanto que a pessoa goste está valendo, tem pessoas que inginoram os apelidos comediante, mas tem pessoas que não deixam queto eles revidar os mais unteligentes quando os chamam da maneira errada ele fica queto fazendo sua lição.
>
> Meu caso é diferente eu revido, mas não na porada mais sim no outro apelido.
>
> FIM

FONTE: Acervo pessoal da autora.

Resultado: o professor trabalhou a temática, mas não a estrutura argumentativa. Onde estão os argumentos? Qual é o fato desencadeador do julgamento? Há alguém que pensa diferente para funcionar como antítese? Isso resulta naquela insegura sensação do professor sobre o que avaliar, que o leva, na maior parte dos casos, a ficar na avaliação dos recursos formais/gramaticais do texto ou, em outro ponto da escala, nos critérios pragmático-discursivos do tipo "atenção ao tema" ou "domínio do texto e do que se quer dizer".

No caso do Texto 1.2, o aspecto gramatical do adjetivo e as escolhas lexicais "fofo" e "comediante" podem ser trabalhados, bem como a articulação concessiva "por tanto" no lugar de "contanto que".

Outra forte característica da avaliação de sala de aula é a sua relação mais direta com o programa curricular. Diferentemente da avaliação de sistema, que pode, por si mesma, eleger os conteúdos a serem quantificados, com base em programas curriculares gerais – do tipo Parâmetros Curriculares Nacionais (PCN) e Orientações Curriculares Nacionais (OCN) –, a avaliação de sala de aula tem um programa a seguir. Lembremos que o programa curricular é um documento mais fechado e objetivo (de uma rede de ensino, de uma escola, de um ano etc.), ao passo que diretrizes ou orientações curriculares contêm temas mais gerais que orientam os programas. A situação ideal é que os professores participem da elaboração do programa curricular de sua escola, na visão escalar do que grandes blocos de conteúdos vão requerer. A situação ideal é, também, que o professor domine suficientemente o conteúdo da disciplina para poder fazer opções curriculares. Saber o que é uma argumentação, por exemplo, é condição para o controle de como distribuir gêneros de base argumentativa em diferentes fases do sistema curricular.

Vamos a um exemplo clássico: a Escola de Genebra, formada nos anos 1990 por professores e pesquisadores da Suíça e da França e colaboradores, seguindo a tradição europeia de estudos bakhtinianos, bem como a tradição desenvolvimentista piagetiana, apresentou propostas específicas do trabalho com gêneros textuais. A argumentação, por exemplo, é dividida na grade dos nove anos do ensino fundamental da forma apresentada no Quadro 1.1.

QUADRO 1.1 – DISTRIBUIÇÃO DE CONTEÚDOS DE ARGUMENTAÇÃO PARA OS NOVE ANOS DO ENSINO FUNDAMENTAL

Ciclo (anos do ensino fundamental)	Exemplo de gênero: argumentativo
1-2	Escrita: dar sua opinião Oral: debate coletivo em classe
3-4	Escrita: revista infantil – carta do leitor Oral: defender sua opinião diante da classe
5-6	Escrita: revista para jovens – carta do leitor; carta de reclamação Oral: debate público regrado
7-8	Escrita: carta aberta, artigo de opinião Oral: diálogo argumentativo; deliberação informal
8-9	Escrita: editorial, publicidade, ensaio Oral: debate público regrado

FONTE: Dolz; Schneuwly, 2004a, p. 65-66.

Nesse contexto, observa-se que o raciocínio argumentativo é enfocado desde os primeiros anos, guardado o nivelamento de dificuldades de vocabulário, temática etc. Isso derruba de certa forma a clássica proposta de que a argumentação só deve ser trabalhada a partir dos 12 anos. Bobagem. No pressuposto dos gêneros textuais derivados das práticas discursivas, a criança tem contato com gêneros variados, como publicidade, historinha, comentário de rádio, entre outros, e a argumentação está subjacente a vários deles. Além disso, desde os primeiros anos, na fase de aquisição de linguagem oral, a criança demonstra raciocínios básicos de argumentação. No Texto 1.3, por exemplo, a tomada de posição da criança de 4 anos e 6 meses diante de uma opção linguística formal ("reporta") traz um argumento do controle do gênero gramaticalmente estruturado na palavra com base na análise da criança.

Texto 1.3 – Dado infantil para marcação de gênero

> (J. brinca de fazer entrevistas, como se fosse o repórter da televisão)
> M. Eu tava perguntando se ia sair ou não a reportagem, Ju. E você é o repórter.
> J. (levantando a voz). Reporta.
> M. (rindo) "Reporta"? Por que "**reporta**"?
> J. Porque reporta é mulher. Que eu não quero ser homem. Eu sou reporta, vai.

FONTE: Figueira, 2005, p. 38, grifo do original.

Se a avaliação de sala de aula é a que tem forte relação com a metodologia e com o programa idealmente estruturado na realidade de trabalho do professor, é justamente a este que a avaliação de sala de aula estará diretamente condicionada. Como o enfoque neste livro é a avaliação de textos de alunos pelo professor, centraremos a próxima seção em torno dos problemas vivenciados pelo professor – e, claro, pelo aluno – na prática avaliativa. Igualmente, nos próximos capítulos, focaremos a atenção nas teorias de composição textual que podem orientar a correção e a avaliação.

> ## Para refletir e discutir
> Como poderiam ser montados outros quadros semelhantes ao Quadro 1.1, relativos a gêneros orientados à descrição, à narração, à explicação e ao diálogo? Como ficaria a distribuição para os alunos do programa de educação de jovens e adultos (EJA)?

Ainda há uma última categoria de avaliação que precisa ser apresentada: a **avaliação seletiva**. Como o próprio nome sugere, a seleção funciona como uma peneira de candidatos a um determinado objetivo, como ingressar em uma universidade ou colégio, conseguir um emprego, obter a Carteira Nacional de Habilitação (CNH), entrar para o rol de possíveis atletas para patrocinadores... E a lista por aí vai, mundo afora, na relação das atividades socialmente organizadas e seus objetivos.

A avaliação seletiva é marco do momento histórico que vivenciamos: explosão demográfica e necessidade de minimamente estruturar o trabalho, a Educação e demais atividades da sociedade organizada e quantitativamente problemática. Na verdade, se realizássemos uma análise sociológica sobre a situação, a avaliação seletiva funcionaria, nesse contexto, como "instrumento" socialmente construído para gerenciar e ranquear as relações entre pessoas e instituições.

É muita gente. De alguma forma, a "peneira grossa" atua para dar conta do problema quantitativo. Em universidades públicas, por exemplo, o número de candidatos ao ingresso nos cursos superiores varia entre 50 e 70 mil pessoas anualmente.

Essa avaliação seletiva apresenta aspectos diretamente comparáveis à avaliação curricular, de sistema: seu foco é amplificado e ela recorta uma população ampla de sujeitos. Além disso, não tem o objetivo de checar o processo de aprendizagem temporalmente localizado do aluno, mas centra-se essencialmente em seu histórico escolar. Quer dizer, a prova seletiva não avalia se o aluno está aprendendo ou se está se dando bem com determinado conteúdo, mas se ele aprendeu ou se deu bem com determinados conteúdos durante sua experiência anterior. Nesse sentido, a seleção (e também a avaliação de sistema) não é autofágica, como acontece com a avaliação de sala de aula. O professor avalia o que o aluno faz, mas uma prova de vestibular não. Os dados do vestibular são o conjunto de experiências anteriores do aluno. No fim, esse processo seletivo acaba sendo uma avaliação indireta de sistema, pois reflete os resultados da educação básica de uma determinada população.

Eis a dupla faceta do vestibular: refletir o que se fez e projetar o resultado do que se vai fazer. Na reflexão sobre a natureza da prova, o objetivo explícito é o resultado, e não a avaliação do currículo anterior, até porque isso acarretaria problemas políticos "cabeludos" para a universidade. Veja o que preconiza um artigo de programação dos objetivos e da metodologia de correção da prova de redação do vestibular da Universidade Federal do Paraná (UFPR):

> *O processo da avaliação de redações de vestibular certamente requer concepção teórica e postura metodológica diferentes da avaliação de produção escrita de alunos em sala de aula ou em ambientes didáticos microlocalizados. Por envolver um grande número de textos e corretores, e por se tratar de um exame classificatório de grandes consequências para os candidatos, devem ser tomados todos os cuidados para minimizar a variabilidade própria de testes dessa natureza.* (Wachowicz et al., 2003, p. 316)

Ainda de acordo com Wachowicz et al. (2003, p. 317), a eleição do foco da prova no resultado é explícita: "Com um trabalho especialmente direcionado a esse modelo de prova desde 1996, acreditamos poder avaliar diretamente habilidades de escrita pertinentes às experiências acadêmicas dos futuros alunos da universidade".

O mesmo traço focado no resultado é visível em enunciados de grandes provas ou mesmo em orientações de conteúdos de provas específicas. Observe a seguir o trecho de orientação aos candidatos do vestibular da UFPR do ano de 2011-2012.

Texto 1.4 – Instruções para os candidatos da 3ª fase do processo seletivo do vestibular da UFPR, 2011-2012

INSTRUÇÕES GERAIS

1. Confira, abaixo, o seu número de inscrição, turma e nome. Assine no local indicado.
2. Aguarde autorização para iniciar a prova.
3. A prova desta fase é composta de duas questões de habilidade específica de Arquitetura e Urbanismo.
4. A interpretação das questões é parte do processo de avaliação, não sendo permitidas perguntas aos aplicadores de prova.
5. Ao receber as folhas de sulfite A3 personalizadas, examine-as e verifique se o nome impresso nelas corresponde ao seu. Caso haja qualquer irregularidade, comunique-a imediatamente ao aplicador de prova.
6. Não serão permitidas consultas, empréstimos e comunicação entre os candidatos, tampouco o uso de livros, apontamentos e equipamentos eletrônicos ou não, inclusive relógio. O não cumprimento dessas exigências implicará a eliminação do candidato.
7. Os aparelhos celulares deverão ser desligados e colocados OBRIGATORIAMENTE no saco plástico. Caso essa exigência seja descumprida, o candidato será excluído do concurso.
8. O tempo de resolução das questões, incluindo o tempo para a apresentação final nas folhas de sulfite A3 personalizadas, é de 5 (cinco) horas.
9. Ao concluir a prova, permaneça em seu lugar e comunique ao aplicador. Aguarde autorização para entregar a prova, as folhas de sulfite A3 com a apresentação final das respostas, o comprovante de inscrição e o material de apoio que lhe foi fornecido.

FONTE: NC-UFPR, 2011.

Assim, imagina-se que, se a população avaliada é de mais de 50 mil pessoas, o comando de prova opta linguisticamente pelas expressões modalizadas da obrigatoriedade: "os aparelhos celulares deverão ser desligados" ou "caso haja qualquer irregularidade, comunique-a imediatamente ao aplicador". Um discurso controlador como esse certamente não apareceria numa prova de sala de aula.

Vamos a outro exemplo. No edital de seleção para ingresso no Programa de Pós-graduação em Letras da UFPR, área de concentração Estudos Linguísticos, há um trecho que orienta a apresentação das indicações bibliográficas para a preparação teórica da prova. Aqui, percebe-se a orientação da prova para o histórico de leituras do aluno, diante, por exemplo, da expressão "fundamentos básicos da Linguística". Há também um foco avaliativo mais pontual, que requer capacidade de análise, na avaliação da habilidade empírica do candidato, em expressões do tipo "capacidade de analisar dados". Em base teórica ou empírica, o que se avalia foi o que o candidato estudou, e não o que ele vai aprender durante a fase da prova.

Texto 1.5 – Trecho de orientação aos candidatos à seleção do Programa de Pós-Graduação em Estudos Linguísticos da UFPR, 2013

> Tendo em vista uma formação mais ampla, espera-se que os candidatos à área de concentração em Estudos Linguísticos demonstrem conhecimento dos **fundamentos básicos da Linguística**, discutindo conceitos como concepções de língua, língua padrão, oposição entre

língua oral e língua escrita, variação linguística. Devem também conseguir traçar a relação entre língua e cultura, a oposição entre as contribuições da linguística e a tradição gramatical, além de conseguir levantar hipóteses sobre os procedimentos empregados pelos falantes tanto no aprendizado de sua língua materna – oral e escrita – como no aprendizado de uma segunda língua. Os candidatos devem, também, ser capazes de reconhecer o papel da linguística como ciência da linguagem, identificando, em especial, o seu objeto de estudo e as especificidades desse objeto para cada área de estudo (Sociolinguística, Linguística Textual etc.). Considera-se como habilidade básica a **capacidade de analisar dados**, demonstrando conhecimento dos rudimentos da fonologia, sintaxe e semântica. Um ponto mais específico é a familiarização do candidato com os conceitos fundamentais de aquisição de língua estrangeira, em especial para os que se habilitam à pesquisa nessa área. Nesse campo, o candidato deve ser capaz de discutir: 1) conceitos relacionados à interlíngua e seus aspectos linguísticos, psicolinguísticos, sociais e culturais; 2) a natureza do processo de aprendizagem de línguas estrangeiras e as características do aprendiz e do professor; 3) questões relacionadas aos espaços educacionais formais e à formação inicial e continuada do professor de línguas estrangeiras. A bibliografia apresentada acima é um referencial para esse conhecimento, apesar de não esgotá-lo.

FONTE: UFPR, 2013, grifo nosso.

Os três tipos de avaliação conceituados e discutidos anteriormente – a de sistema, a de sala de aula e a seletiva – têm, operacionalmente, objetivos sociais diferentes, mas parecem carregar pontos em comum, como a possibilidade de delimitação do objeto de avaliação: o antes, o durante e o depois. O Quadro 1.2 sistematiza visualmente essas diferenças e proximidades.

Quadro 1.2 – Esquema comparativo entre os três tipos de avaliação

Tipo de avaliação	Quem é avaliado?	Objetivos	Dados avaliados	Foco do trabalho
De sistema	Recorte curricular	Diagnóstico para políticas de educação	Antecedentes	Resultado
De sala de aula	O conjunto de alunos em sala	Medida das habilidades dos alunos	Transição	Processo
Seletiva	Candidatos a...	Ranqueamento	Antecedentes	Resultado

Mais à frente, na Seção 1.3, será apresentada uma teoria de avaliação que desenha pontos em comum entre procedimentos subjacentes a qualquer mecanismo de avaliação – sobretudo o que está nas mãos dos professores. Antes, vamos às "ciladas" que caracterizam a avaliação de sala de aula.

umpontodois
As "ciladas" da avaliação de sala de aula

Nesta seção, centraremos nossa atenção nos problemas pelos quais o professor de língua passa no momento da avaliação.

É, portanto, uma seção que já faz o funil de análise do próprio livro: partimos dos tipos de avaliação para a avaliação de sala de aula e depois para a avaliação da produção escrita.

É consenso entre os professores que avaliar não é fácil. A primeira justificativa intuitiva é a de que o professor de língua (e isso vale para outras disciplinas específicas, como Matemática, Ciências e História), na insegurança de avaliar o aluno e mesmo de se autoavaliar, não sabe direito o que é isso e, por conseguinte, não conhece os conceitos envolvidos nessa prática pedagógica. Sem querer cair na tentação de generalizar, é muito comum ouvir declarações como a seguinte, da professora M., do ensino médio:

> *A avaliação é uma das tarefas mais difíceis que cabe a um professor, principalmente ao de língua. Muitas vezes, a gente se vê na situação do 'José' de Drummond, pensando: 'E agora, professora? O que vou fazer?'. Temos várias teorias mostrando-nos o que e como devemos proceder no momento de uma avaliação, até mesmo porque o resultado das avaliações de nossos alunos pode refletir a avaliação do nosso desempenho enquanto professores.*

Coitado do professor, vai levar mais o ônus dessa culpa? Não é essa a intenção deste livro. Para além desse jogo nocivo e falacioso, a sala de aula, suas atividades e, consequentemente, as avaliações carregam por si mesmas aspectos contraditórios, os quais Wachowicz (2000) nomeou como *paradoxos*.

Antes de mais nada, a avaliação de sala de aula parece provocar um movimento problemático: **o de unificar o que é**

inexoravelmente desigual, no paradoxo entre o individual e o geral. Quando o professor elabora uma prova, há um exercício mental subjacente de imaginar o que todos os alunos vão conseguir responder (ou deveriam fazê-lo). Ou seja, da unidade à totalidade, a prova precisa exibir esse exercício de unificação sobre o todo. Isso é real? Não. É o que chamamos comumente de *exercício de abstração*, o que não deixa também de carregar a dose de idealismo que o professor projeta sobre sua turma.

Na "Introdução" deste livro, sugerimos tangencialmente essa problemática por meio do exemplo da professora da EJA que declarou ser impossível a avaliação nesse tipo de programa. A heterogeneidade dos alunos imobiliza a tentativa de unificação. Questionada sobre a inviabilidade da avaliação, a docente prontamente respondeu que isso é impossível: "– Quer dizer que 'nota' não existe mais, dada essa realidade tão variada? – Exatamente". Isto é, se uma aluna tem glaucoma, outro tem antecedentes criminais e está em processo de ressocialização e outro é um jovem trabalhador há cinco anos longe da escola, não há mais o que se fazer? Como vislumbrar a unicidade?

A resposta aqui está igualmente viciada na chancela do idealismo: a crença numa teoria de base da disciplina pode apontar alternativas para isso. Há conteúdos, há objetivos e, portanto, há caminhos para se chegar até lá. Nosso conteúdo de produção escrita é composto de gêneros variados, em que subjazem estruturas textuais específicas e suas correspondentes formas gramaticais. O objetivo é fazer o aluno ter o controle consciente sobre o uso e a escolha dessas variâncias comunicativas e estruturais. Logo, a avaliação vai no vácuo dessas definições, pautada – como foi visto – nas opções metodológicas e curriculares da situação escolar.

Para além do problema da abstração e generalização que a avaliação requer, o professor também se vê diante de um segundo problema (que pode por si mesmo sinalizar sua solução): a avaliação carrega o peso de aprendizagem. Na intuição, o professor costuma dizer que o aluno aprende também fazendo prova. E é isso mesmo. A ligação direta com a metodologia imprime na avaliação essa característica multifuncional. Daí a relevância de o professor optar por métodos avaliativos alternativos, do tipo autoavaliação, avaliação de pares (entre colegas), reavaliação etc.

Aqui entra a nossa menina dos olhos: a **reescrita**. Avaliar textos sem reescrita não faz o menor sentido, pois o foco é o processo, e não a experiência anterior dos alunos. Um professor de 5º ano do ensino fundamental, por exemplo, ao realizar uma produção textual como avaliação, logo no começo do ano, e atribuir de imediato alguma valoração à atividade, estará efetivamente avaliando o que o outro professor (do 4º ano) fez, e não o que ele está fazendo.

Voltando aos exemplos citados na "Introdução": alunos do primeiro semestre do curso de Letras, ao iniciarem suas produções textuais em disciplinas de Introdução Conceitual e Balizamento Textual, exibem comumente em seus textos um comportamento esquizofrênico: vozes do ensino tradicional que fizeram com que chegassem até o vestibular em atrito discursivo com vozes de um tratamento linguístico às questões de base, como concepção de língua e gramática, que passaram a vivenciar no curso superior.

Vale a pena, novamente, explorar exemplos. O Texto 1.6, de um calouro do curso de Letras, é emblemático nesse sentido.

TEXTO 1.6 – PRODUÇÃO ESCRITA SOBRE AS VARIAÇÕES DO PORTUGUÊS – CALOURO DE LETRAS

Quais são as linguagens do meu português?

É curioso como não nos damos conta das "falhas" que cometemos ao falar. Nunca havia prestado atenção no modo como falo; realmente é muito mais fácil criticar as outras pessoas por determinados "erros" que eu tento não cometer.

É obvio que minha linguagem não é perfeita, segundo as normas gramaticais. Depois de prestar mais atenção no modo como falo, percebi que o meu português possui muitas falhas. Um exemplo muito marcante é a ausência do "r" nos infinitivos verbais, como: "Você vem me buscá?". Certamente eu não escreveria desta forma, mas é como eu falo.

Nos casos em que preciso expressar uma idéia na terceira pessoa, geralmente uso de um artifício muito utilizado atualmente: o "a gente". É muito mais fácil dizer: "A gente vai pegar os livros" ao invés de "Nós vamos pegar os livros"; considero a segunda opção, dependendo do tipo de pessoa com quem estou falando, muito formal.

Além disso, ainda tenho problemas com semivogais: eu sempre deixo de pronunciá-las, como: encaxar (encaixar); fexe (feixe), etc. Já tentei corrigir esta pronúncia, mas quando percebo, já falei.

Como estes exemplos, ainda poderia citar muitos outros, pois tenho consciência de que a minha linguagem é muito deficiente se as regras gramaticais forem consideradas, mas existe alguma pessoa que fale corretamente o português? É possível ouvir uma pessoa em um congresso, por exemplo, falando duas ou três horas sem cometer um "erro"?

Certamente a língua portuguesa é complexa no sentido de regras e exceções, mas acho que é possível encontrar um equilíbrio entre o escrever e o falar português. Na verdade, cada um de nós deve ter um determinado senso de quando e como devemos nos expressar de uma forma padrão ou "não-padrão", para que não sejamos tratados como ignorantes ou intelectuais por falta do uso adequado da linguagem.

FONTE: Acervo pessoal da autora.

É importante observar o uso de aspas no texto: elas marcam efetivamente a sua esquizofrenia. O termo *falhas* ora aparece com aspas, ora sem. O mesmo acontece com a palavra *erros*. Por quê? Bom, para a voz discursiva de sua formação tradicional, as variações do português são realmente falhas, mas, para a conversa teórica da linguística, elas são dados. Logo, o simples uso de aspas no texto evidencia sua rede discursiva.

Se nossa crença metodológica reside na prática de reescrita, é o comentário sobre esses aspectos formais e discursivos (ou a relação direta entre ambos) que pode orientar o aluno a revisitar seu texto. No Capítulo 3, faremos análises específicas de correção e anotação no texto do aluno que provoquem a "boa" reescrita. Resumindo, se podemos nomear o caráter didático da avaliação como "cilada", também podemos – por meio da proposta de reescrita – renomeá-lo como "solução".

Um último problema de avaliação vivenciado pelos professores diz respeito ao **hiato temporal** entre aprendizagem e avaliação inerente às atividades de sala de aula, também já pincelado na Seção 1.1. Ou seja, entre o momento de aprender e o momento de avaliar, há um mundo de contingências experienciais que podem romper com o objetivo avaliativo, como se a lente da avaliação carregasse uma boa dose de irrealidade.

Segundo Wachowicz (2000, p. 106), esse "paradoxo" é ilustrado pela metáfora do fotógrafo:

> *o tempo de aprendizagem nunca é o mesmo. Essa qualidade do tempo é tão poderosa, que faz com que as coisas a que se refere também nunca sejam as mesmas. Como, pois, podemos avaliá-las, se nem mesmo podemos nos referir a elas? Seria como fotografar uma cena. O movimento da realidade raramente é captado por uma foto. Por outro lado, a fotografia é uma arte. Ela põe em nossas mãos um momento que nunca mais vai existir.*

Bem, se fizermos um mergulho filosófico (e não falta vontade para isso), vamos cair numa motivação histórica bastante distante. Esse era o problema de Heráclito de Éfeso, um pensador clássico do século V a.C., conhecido como o formulador da doutrina do "fluxo" de todas as coisas. Segundo ele, não podemos entrar duas vezes no mesmo rio porque novas águas estão fluindo. Isto é, a realidade é absolutamente particular, e qualquer pensamento ou representação será apenas uma tentativa de categorizar o que é incategorizável: "é como tentar guardar o vento numa gaiola", como defendeu Crátilo, principal discípulo de Heráclito.

Assim acontece com a avaliação: a prova – deslocada no tempo – guarda seu traço de irrealidade em relação ao processo de aprendizagem. Para a mesma doutrina de Heráclito, sob o ponto de vista linguístico, o fluxo das coisas não pode ser captado pelas palavras.

No texto de um aluno de 8ª série (atual 9º ano), submetido a uma avaliação de sistema da Secretaria de Estado da Educação do Paraná (Seed-PR) em 2000, podemos vislumbrar a questão da irrealidade da avaliação.

Texto 1.7 – Opinativo sobre o tema competição – aluno de 8ª série (9º ano)

> Competir
>
> O importante é competir, é fácil competir, é importante, e competir leva a alguma coisa.
>
> Competir não é fácil, tem que ir atrás, tem que buscar a vitória, nunca compito só para ganhar mas tente ser um bom competidor.
>
> É muito importante competir, principalmente quando compete com garras e coragem, com vontade de vencer.
>
> Competição leva a muitas coisas, se competir sabendo que pode ganhar e perder, sabendo que tem que ser sempre feliz, pensando em ser um alguém vitorioso.
>
> Enfim competir é importante, é fácil se tiver vontade e basta querer que competindo vai a muito longe.

FONTE: Acervo pessoal da autora.

Pergunta: O aluno sabe fazer uma argumentação? Formalmente, o texto não apresenta grandes problemas. Há controle sobre ortografia (*"atrás"*) e acentuação (*"alguém"*). No entanto, a temática não progride: não há exemplos, fatos, uma causa que possa funcionar como argumento, expressões mais persuasivas... Mas há uma pista de um argumento de contradição, especialmente entre o primeiro e o segundo parágrafos, em que o aluno sinaliza um posicionamento do tipo "competir é e não é fácil ao mesmo tempo". Porém, falta articulação a essa opção.

Com os problemas apontados anteriormente, podemos enfim chegar a uma reflexão sobre quais são os aspectos básicos de qualquer avaliação (de sistema, de sala de aula e seletiva) que podem reorientar especialmente as opções do professor diante de suas "ciladas" da prática avaliativa: a **unificação da heterogeneidade**, a **relação com aprendizagem** e a **irrealidade temporal**. A Seção 1.3 apresentará uma proposta nesse sentido.

umpontotrês
As questões subjacentes à avaliação

Aqui, pretendemos apresentar um roteiro de conceitos que de certa forma unificam a noção de avaliação, independentemente de sua natureza pragmática. Ou seja, são noções que subjazem aos tipos de avaliação, sendo encontradas e passíveis de discussão em avaliações de grandes recortes curriculares ou em avaliações microlocalizadas de sala de aula.

As perguntas derivadas dessa conceitualização sinalizam quixotescamente um ponto de partida para uma prática avaliativa mais consciente. Logo, esta é uma seção que pretende responder à repetida pergunta "Como fazer?", cuja resposta é tão absurdamente simples quanto imperiosamente necessária.

Num texto clássico da década de 1970 sobre avaliação, Robert Stake (1976) discute o panorama das questões basilares da avaliação na proposta de análise de separação de noções para posteriores escolhas. Vamos ao que precisa ser esclarecido por dissociação.

Avaliação informal *versus* avaliação formal

Esse é um ponto de partida fundamental. Há muitos professores que optam por resultados avaliativos pautados em observação subjetiva, de eventos casuais de sala de aula, não explicitando objetivos. É uma opção, mas de resultado superficial e distorcido na maioria das vezes, dada a natureza amplificada das categorias e as implicações problemáticas avaliativas. Um professor "sabe" que um aluno não pode passar de ano, mas isso precisa estar valorado, até em função da conta unificadora que a avaliação requer sobre uma turma.

Há situações específicas de avaliação informal que normalmente antecedem a formal: um psicólogo que vai atuar em uma escola faz seu primeiro contato com o ambiente de maneira informal, para observar intuitivamente o comportamento dos alunos, dos professores e dos funcionários e o funcionamento geral do quadro social. Em seguida, sua atividade profissional requer que o trabalho seja pautado por critérios formalmente estabelecidos. O professor de língua tem a necessidade de "conhecer" intuitivamente os textos dos alunos, no início do ano letivo, quando se propõe a "dar uma lida nos textos para ver como é a turma". Depois disso, vêm as escolhas avaliativas.

Nada contra a avaliação informal, desde que ela não aconteça sozinha. Avaliar leitura, por exemplo, por meio da pergunta "O que você achou do texto?" não faz o menor sentido, a não ser que a questão seja seguida de perguntas mais objetivas, do tipo "Qual é a principal ideia defendida pelo texto?" ou "Qual é o fato motivador da reflexão?" – aí, sim, mensuráveis. A avaliação informal, nesse sentido, serve como apelo subjetivo à avaliação formal.

Nunca vou me esquecer de uma experiência que vivenciei em sala de aula. Numa ocasião em que ministrava uma disciplina de Sintaxe no curso de Letras da UFPR, uma aluna se mostrou queixosa das estruturas arbóreas desenhadas no quadro e fez um desabafo: "Professora, não entendo nada disso. Eu gosto mesmo é de Literatura. Meu negócio é Machado de Assis!". Aí fiz a pergunta mais retórica do que intencional: "Por quê?". A aluna prontamente espalmou o peito e disse: "Porque ele me toca profundamente!".

Ora, concordo que as opções subjetivas motivam nossas escolhas. Mas aonde chegaremos com análises puramente subjetivas? Se a aluna quer fazer Literatura, incluindo-se no complexo raciocínio da análise e crítica literárias, algum passo adiante terá de acontecer, especialmente o difícil – e imperioso – exercício de abstração: Machado é bom pela estética do texto ou pela maneira como "toca" as pessoas? Pela relação com a crítica social de época? O que o faz ser um autor para além de seu tempo?

Eis o caminho para a avaliação formal: delimitação e recorte de objeto e objetivos, levantamento de aspectos valorativos – sempre relacionados a outras categorias por meio de comparações controláveis –, explicitação de critérios etc. Logo, Machado de Assis pode ser muito mais do que um texto "emocionante".

A amarração técnico-controlada da avaliação formal nem sempre é vista com bons olhos pelos educadores. Há resistência, obviamente, quando a realidade nos chama para as disparidades e contingências do grupo de alunos avaliados. Não há saída: estamos presos ao idealismo da Educação. No caso específico de língua, estamos presos à crença de que uma teoria traz subsídios às delimitações da avaliação formal. Sendo assim, vamos avaliar a capacidade de os alunos argumentarem em detrimento de descreverem ou narrarem, nas categorias de base desses raciocínios. No pressuposto sociocognitivista da teoria, todos os alunos são igualmente capazes disso, não desprezando habilidades expressivo-estilísticas próprias de cada um – para mais ou para menos.

> ### Para refletir e discutir
>
> Como é seu procedimento de avaliação informal com vistas a traçar um panorama da produção textual de seus alunos? Suas primeiras impressões relacionadas aos textos mantêm-se após as primeiras avaliações?

Descrição *versus* julgamento

A segunda dissociação importante para a prática avaliativa é derivada da opção entre avaliação informal e formal. Dada a situação escolar e a necessidade de categorias formais adequadas a cada situação – e, portanto, dada a opção pela avaliação formal –, a próxima questão diz respeito mais uma vez à natureza da avaliação: ela será descritiva ou de julgamento? Novamente, a resposta pode ser: as duas, em complementaridade.

A descrição não se centra no resultado da avaliação, tampouco em números valorativos decisórios para o sim ou para o não, mas essencialmente no processo. Costuma estar associada a testes de rendimento do indivíduo. Um psicopedagogo, por exemplo, ao avaliar descritivamente a psicomotricidade fina de uma criança de 3 anos, observa suas habilidades: o modo como posiciona o lápis na mão, se dispõe os braços para um lado ou outro no apoio ao escrever, se movimenta as mãos para esta ou aquela direção ao procurar um brinquedo escondido, se produz força concentrada nos dedos ou na totalidade das mãos ao esmagar massinhas, se usa frequentemente gestos para se comunicar etc. Tudo no rendimento de um comportamento que o levará a julgar se a criança tem ou não déficit psicomotor.

Um alerta: a avaliação descritiva não é informal! A descrição pressupõe categorias objetivas de análise que orientam a observação, que não é intuitiva. Vamos pontuar um exemplo de nossa área. O professor diz: "Eu gostei do texto do fulano". Se houver uma resposta objetiva à pergunta "Por quê?", sua avaliação verbalizada de maneira informal terá recebido respaldo descritivo. Se, por outro lado, o professor disser: "Dá para passar sicrano para o 6º ano" e houver uma resposta consistente à pergunta "Por quê?", sua avaliação terá percorrido os passos entre descrição e julgamento.

Nesse sentido, o julgamento estará focado no resultado da avaliação por meio da valoração estabelecida pelo método: "sim" ou "não", em um conselho de classe; "acima" ou "abaixo" de 7,0, em uma prova bimestral; atendimento "satisfatório" ou "precário", em relação à produção de estrutura narrativa; e mesmo "sim" ou "não", quanto ao atendimento do programa curricular às diretrizes curriculares.

Eis um ponto interessante para as avaliações de sistema: descrever antes de julgar. As avaliações do Saeb têm essa orientação; professores, alunos, pais e comunidade opinam sobre a escola e contribuem com suas informações. Há, portanto, um levantamento de dados, para posterior estatística, que fomenta e dá a base de análise aos dados quantitativos e/ou julgatórios. Nos termos de Stake (1976, p. 2): "A avaliação de um programa escolar deveria retratar o mérito e a falha percebidos por grupos bem identificados, sistematicamente compilados e processados. Assim, dados de julgamento e dados descritivos são ambos essenciais, para a avaliação de programas educacionais".*

Obviamente, o julgamento nem sempre é visto com bons olhos ou com tranquilidade por parte dos professores. "O que julgar?" e "Quem e a quem julgar?" são perguntas que normalmente levam a respostas não esclarecidas, que decidem ou orientam as tendências de vida do indivíduo. Injustiças infundadas são cometidas? Não necessariamente, se a avaliação estiver baseada em objetivos e critérios bem definidos, uma vez que ela é formal e inexoravelmente associada ao julgamento. Parece a ideia mais simples do mundo, mas precisa, ao mesmo tempo, ser repetidamente esclarecida.

---

* Os trechos em português de Stake (1976) são da versão traduzida das professoras Rosa Elisa Perrone de Souza e Vera Libretti Pereira.

Dados antecedentes *versus* transação *versus* resultados

Por meio dessas distinções, agora podemos visualizar mais concretamente as opções da prática avaliativa, sobretudo em suas diferentes categorias.

A avaliação tem um pré-requisito, que é a definição do dado a ser avaliado, o que responde à pergunta intuitiva: "Afinal, o que estou avaliando?". Esse dado tem sua localização no tempo: pode ser um dado antecedente, uma transação ou um resultado.

O **dado antecedente** é a situação anterior à avaliação e/ou à aprendizagem, ou seja, são as experiências que o aluno traz de sua casa, de seu contexto religioso, de sua vida social e familiar, de sua experiência de letramento – tudo o que foi experienciado anteriormente à sala de aula. Se o professor, nesse sentido, tem o objetivo de proceder a descrições e julgamentos formalmente definidos em suas atividades avaliativas, precisa ter o controle desses dados – essencialmente descritivos: De onde o aluno vem? Qual é sua condição social? Quais são seus problemas familiares? Dessa forma, dentro da problemática de análise da produção escrita, o professor pode ter subsídios para identificar traços discursivos específicos dos textos. São subsídios, inclusive, que orientam a reescrita. O Texto 1.8, por exemplo, produzido por um aluno de 1º ano do ensino médio, traz os chistes evidentes de uma vivência religiosa que pode ser trabalhada em sala.

Texto 1.8 – Opinativo sobre o tema *televisão* – aluno de 1º ano do ensino médio

A TV

O meu entendimento sobre a TV, é uma crítica de assunto que se estabelece em seus pensamentos, a tv trás pra gente uma notícia, que alerta as pessoas, outra coisa, a reportagem sobre uma cidade tão poluída, que as pessoas esteja. se se ептuada nesta limpeza desta cidade.

O povo é contra eleição porque tem pessoas que concorda com as leis os prefeitos outros não reconhece o valor que tem o sujeitão da cidades e rua atrapa. do seu lugar onde mora.

A TV pra mim serve por que seu inimigo do TV, eu sou aluno tão inquieto que a TV não min por que eu sou uma pessoas que nasci pra um mestre do senhor.

A TV pra mim não serve por que, tem pessoas certamente que gosta. Assistir filmes, etc! tal. etc. Eu no sou contra isso por que que as coisa que eu gosto de praticar os pessoas e amigos não gostam de praticar.

Fim

FONTE: Acervo pessoal da autora.

O Texto 1.8 sugere duas vozes sobre o tema: uma a favor, nos dois primeiros parágrafos, e outra contra, nos dois últimos. Por detrás do caos formal em que foi construído o texto, há perguntas possíveis de serem feitas em função da reescrita. Esse caminho será mais bem explicitado no Capítulo 3.

Na orientação para a reescrita, o professor pode identificar com o aluno (ou com a classe) as diferentes vozes presentes na opinião sobre a televisão. Qual é a opinião dele? Como marcar o conjunto de opiniões? E como enfatizar a do aluno? As alternativas de controle das vozes do texto, por definição, explicitam sua própria autonomia.

Para saber mais

Artigo

POSSENTI, S. Indícios de autoria. **Perspectiva**, Florianópolis, v. 20, n. 1, p. 105-124, jan./jun. 2002. Disponível em: <http://www.perspectiva.ufsc.br/perspectiva_2002_01/20_texto_possenti.pdf>. Acesso em: 17 nov. 2014.

Nesse texto, Sírio Possenti traz uma forte concepção de autonomia textual, baseada no controle da heterogeneidade de vozes. A reflexão foi motivada pela análise de textos escolares.

Voltando à definição do dado definido temporalmente para a avaliação, ele pode ser ainda uma **transição**. É o dado que concentrará o foco da avaliação de processo. A transição é o intervalo temporal que engloba as atividades escolares. Leitura oral, discussão, reunião, embate de ideias, preenchimento de questionários, entre outras: a transição é toda atividade metodologicamente orientada que forma e molda a aprendizagem. Nos termos de Stake (1976, p. 6), os dados de transição são "os sucessivos engajamentos que compõem o processo de educação". Logo, é no dado de transição que estarão concentradas as opções metodológicas e curriculares da escola e do professor, justificando o enfoque da avaliação de sala de aula.

Enquanto a transição prevê a dinamicidade de sujeitos, o dado de **resultado** é estático. Nada mais se faz: só conta agora aquilo em que resultou todo o processo de avaliação. A dinamicidade do dado de resultado é sua consequência, e não sua essência. Com base nos resultados de uma determinada avaliação de sistema, por exemplo, uma orientação político-administrativa concentrará recursos e atividades formativas em regiões de resultados menos positivos. Ou, com base em um resultado de rendimento insuficiente de um aluno específico, a escola pode encaminhá-lo, por exemplo, a atividades de reforço.

Antecedentes, transição e resultado não são excludentes, mas complementares. Porém, cada prática avaliativa dará seu devido peso a um dos três momentos da avaliação. No caso da avaliação de sistema, e mesmo da avaliação seletiva, por exemplo, o foco estará nos antecedentes. Um exame como o Enade ou um processo seletivo de vestibular não têm nada de transicional, pois não carregam o objetivo e a relação com a aprendizagem. O foco estará, portanto, nos antecedentes. Os resultados na sequência são instrumentos estáticos para ações futuras.

Já a avaliação de sala de aula foca essencialmente a transição, não deixando de relacionar-se com o dado antecedente ou com o resultado. O antecedente sinaliza situações de avaliação processual, enquanto o resultado a sintetiza com base em um procedimento de julgamento.

Novamente: a relevância do simples. Se o professor de língua tem clareza dessa distinção, terá caminhos mais profícuos de reescrita ou mesmo de alternativas de discussão discursivas. No vício da exemplificação, o texto a seguir, de 6ª série (atual 7º ano), traz uma emblemática voz do mercado ("acho que estarei entrando no mercado de trabalho") que pode ser levantada com os alunos.

Texto 1.9 – Autobiografia – aluno de 6ª série (7ºano)

Minha auto biografia

Meu nome é Andrei Vitor e meu pai se chamava Walter e minha mãe se chama Teresa e minha irmã se chama Natasha e meu irmão de um ano e sete meses,se chama Murilo.Eu nasci dia dez de junho de mil novecentos e noventa e quatro,dez e quinze da manhã.Eu gosto de ficar mais com meu irmão porque nós brincamos muito juntos e damos muitas gargalhadas.
    O lugar que eu mais gosto de ficar é o jardim da casa da minha avó porque la eu ando de bicicleta , la é bem grande.Meus pequenos tesouros são as minhas conchas de praia que e pego sempre quando vou para lá,eu pego conchas faz cinco anos.Eu acho meu jeito de ser fascinante porque nunca estou nervoso e sempre estou de bem com a vida,em fim,sou perfeito como eu sou.
    Eu acho importante para a relação de amigos a amizade,é claro e para relação de família nada mas que respeito,porque na minha família nós brigamos muito,a minha mãe sempre diz que é normal mas eu acho que é demais as vezes eu fico louco porque não tem um pai para ajudar minha mãe .a minha maior qualidade é meu bom humor e habilidade é jogar futebol ,mais e sou goleiro,todo mundo acha que eu sou bom mais eu sou ruim.
    Da que há dez anos eu já estarei namorando e se deus quiser com uma mulher bem bonita,acho eu,que estarei entrando no mercado de trabalho,eu acho que eu vou ser professor de educação física .

FONTE: Acervo pessoal da autora.

Por que não perguntar: "Onde você ouviu essa postura?" (pergunta orientada para o antecedente), "Você tem alguma justificativa diferente para isso?" (pergunta orientada para a transição), "Você não gostaria de desenvolver um embate de ideias para o teu texto ficar mais robusto?" (pergunta orientada para o resultado). Isso é prática de reescrita com base avaliativa orientada.

Objetivo(s) *versus* realidade

Essa distinção tem forte relação com o "problema-cilada" de irrealidade da avaliação de sala de aula e sinaliza mesmo uma alternativa de controle do hiato entre avaliação e realidade.

Definindo o objetivo da avaliação e comparando-o com a realidade vivenciada em sala de aula, o professor pode encontrar respostas para como fazer a conta de elaboração da prova ou do levantamento de critérios. Esclarecendo esses procedimentos, o professor facilita a justificação de suas avaliações. Esta é uma das tarefas mais ardorosas para o professor: dizer por que a prova foi formulada de uma determinada maneira ou mesmo justificar por que um aluno tirou nota máxima e por que outro tirou nota mínima. No folclore da avaliação de textos, é fácil justificar um zero, mas é extremamente difícil justificar um dez.

As respostas a esses impasses estão na reflexão sobre a relação entre a realidade das experiências de aprendizagem e a formulação da avaliação. Voltando ao exemplo do nosso "genial" professor de Cálculo I dos cursos de engenharia que reprova 90% da turma para manter-se acima de seu fantasmagórico salto alto entre os corredores acadêmicos, a pergunta é: O objetivo da prova tem relação com a realidade de sala de aula? Se não, os 90% denunciam imediatamente a impertinência do trabalho do próprio professor. Em outros termos, o problema está no professor, e não nos pobres alunos que ficam anos em dependência na disciplina.

Novamente, a comparação entre os tipos de avaliação também pode ganhar com a distinção "objetivo(s) *versus* realidade". A avaliação de sala de aula tem como ideal diminuir esse hiato, pois a realidade é mais concretamente palpável. Já a avaliação de sistema ou a avaliação seletiva trabalham com representações dessa realidade, sendo o hiato, por pressuposto, impossível de ser moldado.

Contingência *versus* congruência

Há, por fim, uma dissociação importante para o ato avaliativo: a observação das contingências e congruências entre antecedentes, transições e resultados e também entre objetivos e realidade. Contingência é o fato particular, desviante, a exceção que tende a pôr em cheque uma opção avaliativa. A congruência, por outro lado, é o fato comum que aproxima dados de análise, mas que pode tanto resolver problemas avaliativos quanto levantar outras possíveis questões e/ou opções avaliativas.

Ambas dependem de observação empírica. A constatação de fortes disparidades morais em um ambiente de EJA, por exemplo, figura como uma contingência entre o antecedente e a transição. O professor pode se deparar com um aluno em tratamento de dependência química ao lado de um aluno com forte orientação religiosa evangélica. Eis uma situação particular a ser contornada no propósito pedagógico. Primeiro passo: esclarecer que a escola não é nem ambiente clínico nem ambiente de julgamento moral. É, antes de tudo, espaço para discussão e formação de pensamento crítico. Logo, ambas as posturas podem ser levantadas e confrontadas. Novamente, o controle discursivo dos textos é orientado nesse sentido.

A constatação de que os alunos estão amplamente motivados a produzir textos publicitários, numa turma do ensino médio, por exemplo, pode ser outro condicionante para firmar a congruência entre objetivo e realidade a que a avaliação de sala de aula deve almejar. Os alunos mostram-se interessados em trazer exemplos para a sala e discutir os elementos constituidores do gênero. Por que não propor, então, uma avaliação no ponto culminante de envolvimento dos alunos: eleição e justificativa da melhor página publicitária? Nos resultados, esperam-se a depreensão e o controle dos elementos linguísticos e visuais no gênero específico da propaganda.

Contingência e congruência são, portanto, dois movimentos aparentemente opostos da observação empírica do professor (e dos alunos) que contribuem para opções avaliativas. Logo, mais do que figurar como um problema, as contingências e as congruências sinalizam soluções. A heterogeneidade da realidade da EJA é um exemplo disso. Paralelamente, a congruência dos polos entre objetivos e realidade, mais do que um ideal abstrato que define situações em barreiras intransponíveis, é efetivamente um fator pontualmente real que pode ser aproveitado pelo professor: a relação da avaliação com a metodologia só depõe a seu favor.

Síntese

Nas duplas de elementos a serem vislumbrados pelo avaliador, há, portanto, um rol de questões essenciais de pressuposto não somente subjacentes, mas, sobretudo, anteriores à avaliação, seja de sistema, seja de sala de aula, seja seletiva:

- A avaliação é **formal**? Qual foi a avaliação **informal** precedente?
- A avaliação pretende ser **descritiva** ou **de julgamento**? Ou vai envolver as duas?
- A avaliação enfatizará os **antecedentes**, a **transição** ou os **resultados**? Ou a combinação de tudo?
- Em que medida a avaliação reflete as **contingências** da realidade observada? E como as resolve?
- A avaliação indica a **congruência** entre **realidade** e **objetivo(s)**? Como?

Pronto. Respondidas essas questões, e com foco na sala de aula, mesmo que informalmente, mas sempre com consciência, o professor mergulha na sua orientação teórica de forma mais segura. E as configurações inapropriadas – do tipo resultados injustos, disparidades de fundo subjetivo, vácuo das justificativas infundadas etc. – podem ser evitadas.

O próximo passo, então, dada a linha de trabalho da produção linguística do aluno e sua consequente avaliação, é estudarmos a teoria de texto que pode responder a um caminho avaliativo. O percurso "discurso – texto – formas gramaticais", ideia central do próximo capítulo, trará uma resposta nesse sentido.

Para saber mais

Livro

BONNIOL, J. J.; VIAL, M. **Modelos de avaliação:** textos fundamentais. Porto Alegre: Artmed, 2001.

Nessa obra, há uma ótima opção de aprofundamento nas questões conceituais sobre avaliação.

Filmes

AU REVOIR les enfants. Direção de Louis Malle. França: Orion Classics, 1987. 104 min.

França, inverno de 1944. Julien Quentin (Gaspard Manesse) é um garoto de 12 anos que frequenta o colégio St. Jean-de-la-Croix e que enfrenta grandes dificuldades em decorrência da Segunda Guerra Mundial. Nesse ambiente, torna-se o melhor amigo de Jean Bonnett (Raphael Fejto), um rapaz introvertido que Julien posteriormente descobre ser judeu. A tragédia chega quando a Gestapo invade a escola e prende Jean, outros dois alunos e o padre responsável pelo colégio. Pelo ambiente histórico do filme, fica evidente que a questão da avaliação precisa recuperar as experiências vivenciadas pelos alunos.

ENTRE les murs. Direção de Laurent Cantet. França: Imovision, 2008. 128 min.

Nesse filme, François e seus colegas professores preparam o novo ano letivo em uma difícil escola da periferia parisiense. Munidos das melhores intenções, eles se apoiam mutuamente para manter vivo o estímulo de dar a melhor educação a seus alunos. A sala de aula, um microcosmo da

> França contemporânea, testemunha os choques entre as diferentes culturas. Por mais inspiradores e divertidos que sejam os adolescentes, seu difícil comportamento pode acabar com qualquer entusiasmo dos professores.

Atividades

1. As professoras entrevistadas para motivar a reflexão deste livro receberam algumas perguntas (umas oralmente, outras por escrito). Responda você mesmo(a) ao questionário, para sintonizar tanto as suas questões quanto as do livro:

   > 1. A atividade de correção e avaliação de textos lhe traz alguma dúvida? Qual?
   > 2. Seu método de avaliação é semelhante ao dos outros colegas de trabalho (professores de língua)? Por quê?
   > 3. Seus comentários na correção e seus critérios de avaliação têm alguma relação com as teorias de gêneros textuais?
   > 4. Como fica a tradicional relação forma *versus* conteúdo na sua atribuição de nota?
   > 5. Há outros comentários que gostaria de fazer?

2. O texto a seguir e as questões correspondentes ilustram os procedimentos de uma prova seletiva. Com base nos pontos comparativos indicados no Quadro 1.2 (p. 48), identifique as características dessa prova e compare-as com as de uma prova de interpretação de texto desenvolvida por você.

Porque é importante saber ouvir

A eficiência na comunicação pode ser alcançada com alguns cuidados, mas muita gente se preocupa com determinados aspectos, como desinibição e expressão verbal, ignorando pontos imprescindíveis para o êxito pretendido.

A fluência verbal e o autodomínio são essenciais, mas todo o esforço do comunicador pode ser inútil se lhe faltarem alguns elementos ligados à atenção, à capacidade de acompanhar o comportamento do interlocutor e, notadamente, o prosaico ato de saber ouvir.

A lição vem de Sócrates: "Temos de aprender a perguntar e a ouvir".

A maioria das pessoas não tem paciência: ou interrompem a pessoa que fala ou simplesmente passam a ignorá-la. E assim agem movidas por preconceitos em função de estereótipos.

É importante frisar que a capacidade de concentração de uma pessoa, em média, é de 30 segundos. Daí o formato predominante do comercial no rádio e na televisão. É natural, então, que exista grande empecilho ao diálogo, que pressupõe disposição de efetiva troca de ideias e opiniões. O ato de ouvir exige, portanto, além de humildade, treinamento. Se, depois de 30 segundos, a tendência é pensar em outro assunto, a capacidade de ouvir exige do interlocutor especial atenção, além de todo o cuidado para que não ocorram associações de ideias.

A dificuldade é tão acentuada que há os que não conseguem sequer ouvir a primeira frase do parceiro e vão logo atalhando com a expressão "já sei o que você vai dizer". O mínimo que se deve fazer, com gestos de quem efetivamente acompanha o que está sendo dito, é aguardar o que o outro tem a dizer.

É fundamental que exista ativa situação de audição, isto é, que os dois se empenhem em ouvir bem, de forma que um entenda perfeitamente a posição do outro. Essa situação reclama atenção, respeito, consideração e recusa qualquer forma de hierarquia na conversação.

Em regra, um dos obstáculos à eficiência na comunicação é a tendência a avaliar ou prejulgar o que o parceiro está dizendo. Quando alguém conversa com um subordinado, há uma tendência no superior a criticar o que está ouvindo, precipitadamente, com evidente desprezo pelo princípio de igualdade que deve haver na relação interpessoal.

Na verdade, três são os requisitos indispensáveis à comunicação eficiente: saber ouvir, saber conviver e saber avaliar.

Saber conviver envolve, principalmente, a capacidade de atuar em grupo coletivamente. Quem não consegue conviver bem com colegas ou superiores nunca poderá ser um bom comunicador. Poderá até ser um bom orador. A comunicação só se completa com o retorno, quando o estímulo provoca a resposta.

E o saber avaliar compreende, basicamente, a autocrítica. Esta é que dá à pessoa a dimensão exata do contexto, evitando erros insanáveis e abreviando o caminho do sucesso.

NETO, Fernandes. Treinamento & Desenvolvimento. jan. 96. p. 34.

1. A humildade, no texto, está relacionada, semanticamente, ao(à):
(A) poder de convencimento do comunicador.
(B) autoconfiança do comunicador.
(C) clareza das ideias apresentadas ao interlocutor.
(D) capacidade de atenção do interlocutor.
(E) procedência das perguntas feitas ao interlocutor.

2. Segundo o texto, a interferência indevida durante o diálogo deve-se ao(à):
(A) tempo previsto para cada fala.
(B) impaciência do comunicador.
(C) falta de atenção do interlocutor.
(D) clareza da pergunta feita pelo comunicador.
(E) dificuldade de entendimento da pergunta pelo interlocutor.

3. No texto, "estereótipos" equivale, semanticamente, a uma imagem:
(A) fluida e instável.
(B) fixa e inalterável.
(C) nítida, mas inconstante.
(D) prefixada, mas inconsistente.
(E) incomum, mas insignificante.

4. Com base nas ideias do texto, ser bom orador não implica ser bom comunicador porque a oratória e a comunicação caracterizam-se, respectivamente, pelas capacidades de:
(A) eloquência e interação.
(B) interação e autodomínio.
(C) interação e atenção.
(D) autocrítica e eloquência.
(E) verbalização e eloquência.

5. A questão do preconceito na comunicação é enfocada no quarto parágrafo. Que outro parágrafo, em sua argumentação, faz alusão a esse mesmo problema?
(A) Segundo.
(B) Quinto.
(C) Sétimo.
(D) Nono.
(E) Décimo.

FONTE: INEP, 2008, p. 3.

3. No Texto 1.2, sobre os apelidos, levantou-se o problema de o professor não trabalhar especificamente o tipo de gênero que vai ser pedido. Se a proposta era a produção de um texto opinativo sobre os apelidos, que tipo de procedimentos metodológicos, atividades etc. deveriam ser desenvolvidos anteriormente à avaliação?

4. Para trabalhar a oralidade, frequentemente solicitamos aos alunos que organizem uma apresentação oral. Selecione algum trabalho oral de seus alunos e defina os critérios de avaliação formal que você observaria durante a apresentação.

5. Imagine uma situação hipotética em que você vai substituir um professor de Língua Portuguesa de uma turma de EJA e a tarefa é a de trabalhar texto narrativo. Seguindo o roteiro de perguntas apresentado na primeira atividade (p. 72), como seriam suas opções avaliativas?

um o que é avaliação?
dois o que avaliar?
três como avaliar?

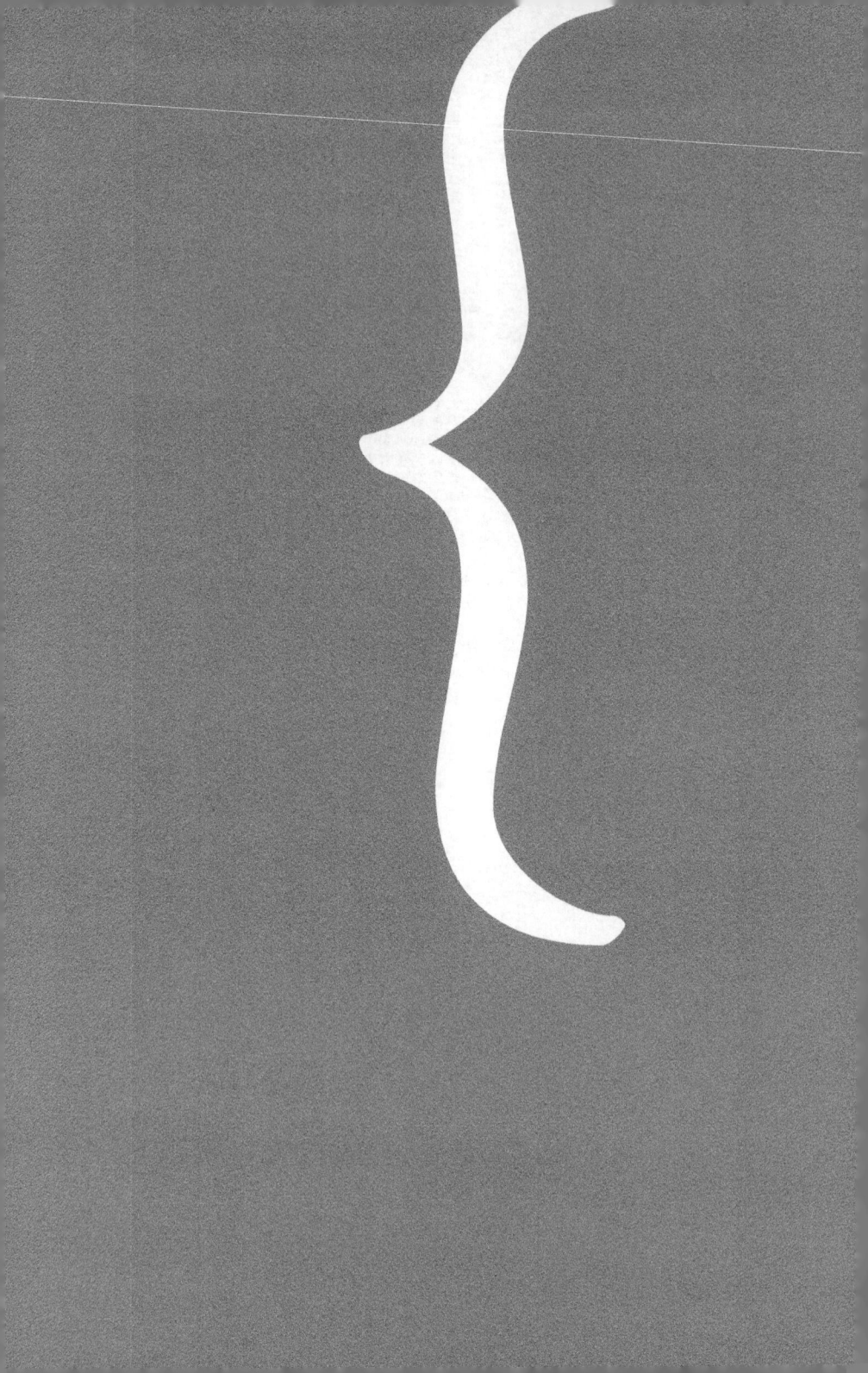

❰ PARA AVALIAR OS textos de nossos alunos, precisamos de teoria. Não é um ato subjetivo, tampouco distanciado objetivamente da realidade metodológica de sala de aula. Para chegar a uma avaliação consciente, com critérios definidos e defensáveis, o professor precisa ter o domínio da teoria de texto (e da gramática!), pois isso vai definir a sua lente de análise. Neste capítulo, a conversa é, nesse sentido, teórica. A opção é uma leitura que percorra os traços discursivos, as opções sequenciais e as escolhas gramaticais dos textos para posterior correção e avaliação. Mais do que isso, esse caminho sinaliza, no final das contas, uma concepção de linguagem que une, por meio do processo sociocognitivo, a dupla **discurso** e **gramática**, níveis tradicional e cegamente concebidos como contraditórios e excludentes. A ideia, neste capítulo, é dizer ao professor que há muito o que ser avaliado: no controle do contexto, na **estrutura textual** e nas consequentes opções gramaticais.

Introdução

Quando falamos de avaliação de textos e de seus problemas, todo professor de língua parece ter a questão muito bem clara em sua cabeça. Ora, corrigir textos traz muitos impasses, alguns dos quais listados e discutidos no capítulo anterior: "a gente não sabe se está sendo justo", "eu procuro cobrar bastante estrutura de frase... tem a autonomia do texto, que pra mim é central, mas não sei muito bem como relacionar isso". Perguntados sobre o objeto da avaliação, alguns professores respondem mesmo com os ecos das teorias que estudam e/ou discutem, num leque bastante amplo de traços que definem sua análise. Nas palavras da professora M., do Plano de Desenvolvimento da Educação (PDE)*: "Nos textos que tenho para avaliar (são muitos), estou procurando valorizar o desenvolvimento da temática e o conhecimento e aplicação, na produção escrita, dos elementos linguísticos e estruturais do gênero textual proposto. Procuro avaliar, também, se o aluno consegue perceber a intertextualidade, se consegue ser original e, principalmente, se consegue se fazer entender pelos seus interlocutores". Mas, logo em seguida, vem o desabafo: "Estou ainda participando do PDE, experiência pela qual todo professor deveria passar. Voltei para sala de aula cheia de vontade, com nova

---

* Um dos programas do governo federal, via Ministério da Educação (MEC), de incentivo à capacitação de professores. Na prática, os professores das redes públicas ganham afastamento para estudar, sob a orientação de professores universitários das instituições de ensino superior (IES) de seu entorno geográfico.

visão de ensino e, infelizmente, após 45 dias, já estou desistindo de colocar em prática muita coisa boa que aprendi".

De fato, os desafios para chegarmos a algumas respostas relativas à prática avaliativa de textos são muitos. O que chama a atenção, num primeiro momento, é especialmente o leque de conceitos que envolvem a noção de texto. Nas citações anteriores, texto contém "elementos linguísticos e estruturais" ao mesmo tempo que traz "intertextualidade" e pressupõe uma situação "interlocutiva". Mas texto pode ser tudo isso? Sim, e mais um pouco.

Neste capítulo, nosso ponto de partida é **teórico** – e não poderia mesmo deixar de sê-lo. Avaliar texto não é um ato subjetivo, tampouco uma deliberação condenada a promover injustiças. Para deixarmos de lado todas essas crenças, a saída é a boa e velha teoria. Com autonomia teórica, o professor pode se ver livre de seus próprios fantasmas.

Nesse sentido, a Seção 2.1 trata da dicotomia discurso-estrutura, inferível tanto das teorias de texto exploradas pelas áreas de pesquisa da análise do discurso e da linguística textual quanto das orientações curriculares de Língua Portuguesa e/ou línguas estrangeiras que delas se retroalimentam. Na Seção 2.2, abordo uma alternativa amplamente discutida atualmente, a linha sociocognitivista, que modela a dicotomia para uma opção tripartite, acrescentando o componente das estruturas ou sequências textuais, especialmente em Bronckart (2003) e Adam (1999). Aqui, são revisitadas as noções de discurso, planificação textual e estruturas gramaticais dos gêneros textuais à luz de exemplos em textos de alunos. Por fim, na Seção 2.3, apresento uma reflexão sobre estilo: a marca do domínio de escrita que todo professor sonha encontrar nos textos dos seus alunos.

doispontoum
Os polos teóricos: discurso e estrutura

Nos últimos (pelo menos) 30 anos, o ensino de Língua Portuguesa no Brasil experienciou uma frutífera fase de diálogo direto com a academia e suas pesquisas. Especialmente nas orientações da linguística textual e da análise do discurso – a água divisória que organiza política e tematicamente a área –, observou-se uma intensa preocupação com objeto, metodologias e suas consequências para o ensino, inclusive nos desdobramentos político-oficiais implicados.

Assim, um documento de orientação curricular do começo da década de 1980 difere essencialmente de um da primeira década dos anos 2000. O que era "redação", "tipo de texto", "parágrafo" ou "vocabulário" passou a ser "texto", "gênero", "estrutura linguística do gênero" ou "coesão semântica". Muitos podem até dizer que os critérios de observação dos textos continuam os mesmos e que só os nomes foram mudados... Não é bem assim. Mudaram também as concepções de língua, gramática e texto que subjazem e sustentam todo o trato com a linguagem.

Se compararmos os dois trechos a seguir, por exemplo, essas diferenças ficam explícitas.

Texto 2.1 – Trecho do *Manual do Professor Primário do Paraná* – 2ª série, 1965

> PROGRAMA DE ENSINO
>
> 2ª série
>
> Objetivos
> – Aperfeiçoar a técnica da leitura tornando-a corrente e expressiva, favorecendo, assim, a capacidade de compreensão do trecho lido;
> – Desenvolver a capacidade de escrever com simplicidade, propriedade e correção;
> – Eliminar da linguagem oral e escrita vícios e erros;
> [...]
> – Treinar leitura independente em livros adequados à série;
> [...]
> – Treinar saudações para os dias festivos (Natal, Dia das Mães, Páscoa etc.)
> [...]

FONTE: Paraná, 1965.

Texto 2.2 – Trecho dos *Parâmetros Curriculares Nacionais* (PCN) – Língua Portuguesa – ensino fundamental, 1997

> **Objetivos gerais de Língua Portuguesa para o ensino fundamental**
>
> Ao longo dos oito anos [hoje 9] do ensino fundamental, espera-se que os alunos adquiram progressivamente uma competência em relação

> à linguagem que lhes possibilite resolver problemas da vida cotidiana, ter acesso aos bens culturais e alcançar a participação plena no mundo letrado. Para que essa expectativa se concretize, o ensino de Língua Portuguesa deverá organizar-se de modo que os alunos sejam capazes de:
> - expandir o uso da linguagem em instâncias privadas e utilizá-las em instâncias públicas [...];
> - utilizar diferentes registros, inclusive os mais formais da variedade linguística valorizada socialmente [...];
> [...]
> - valorizar a leitura como fonte de informação, via de acesso aos mundos criados pela literatura e possibilidade de fruição estética [...];
> [...]
> - conhecer e analisar criticamente os usos da língua como veículo de valores e preconceitos de classe, credo, gênero ou etnia.

FONTE: Brasil, 1997, p. 33.

No entanto, mesmo no que se tem hoje como teorias de base e orientação curricular, percebe-se uma dupla orientação, que ora pende para o lado do **tratamento discursivo**, ora pende para o lado do **tratamento da estrutura**.

A primeira opção é hoje efetivamente a mais forte, com propostas de foco de tratamento da linguagem no discurso, que desfazem crenças arraigadas na estrutura sistêmica da língua. Faraco (2006, p. 217), por exemplo, abordando as perspectivas teóricas de estudos de linguagem e suas implicações, inclusive no ensino, reforça a tese bakhtiniana do recorte discursivo: "A linguagem, na interação, tem de ser tratada necessária e primordialmente como atividade e não como estrutura". Além disso, o autor enfatiza a necessidade de não tratar essa atividade como um ato isolado de sua história:

> não reduzir a interação a encontros fortuitos de mônadas autossuficientes nem assujeitar os interactantes às estruturas de modo a tornar incompreensível o inusitado, o imprevisível e a resposta criativa [...]. Para isso, não perder, por exemplo, as lições das investigações antropológicas que nos apontam a relevância dos repertórios, sempre heterogêneos, de práticas culturais como condicionantes dos eventos interacionais. (Faraco, 2006, p. 217)

O que isso significa para os professores? Focar o discurso não nos leva necessariamente a aplicar a atividade de reconhecimento de quem escreve, para quem escreve, com qual intenção, onde e por quê, como se o texto (do aluno) fosse um *lead** jornalístico com uma – e somente uma – finalidade, que é passar uma informação. O tratamento discursivo requer muito mais do que isso: requer condicionamento do texto à sua história, ao seu ambiente cultural ou ao contexto político, para não "perder as lições de investigações antropológicas" em que se apoia a proposta de Faraco (2006, p. 220).

De outra parte, no enfoque das teorias de gêneros voltadas ao ensino, a discussão entre discurso e texto pende para a noção bakhtiniana de gêneros de discurso. Ou seja, para a análise de textos, vale primordial e centralmente a leitura dos contextos sócio-históricos.

Em suas implicações pedagógicas, Rojo (2005, p. 207) sinaliza a relevância do trato discursivo em sala de aula:

---

* *Lead*, no jargão jornalístico, é a seção inicial de uma reportagem, em que são informados os principais dados do assunto: o quê, quem, quando, onde e por quê.

Nossas experiências, tanto na formação de professores quanto na análise das interações em sala de aula, orientam-nos para um enfoque bakhtiniano. Nossos professores de língua – seja por formação profissional, seja por falta de formação – são muito atraídos pela descrição de língua e pelo ensino de gramática. Sempre fazemos sucesso na formação de professores quando discutimos as características formais e de estilo de um texto ou gênero, a partir de nossos instrumentos. Por outro lado, nossos alunos não precisam ser gramáticos de texto e nem mesmo conhecer uma metalinguagem sofisticada. Ao contrário, no Brasil, com seus acentuados problemas de iletrismo, a necessidade dos alunos é de terem acesso letrado a textos (de opinião, literários, científicos, jornalísticos, informativos etc.) e de poderem fazer uma leitura crítica e cidadã desses textos.

Ou seja, com base na proposta de conceituação de linguagem como atividade, sintetizada por Faraco, e com fundamentação no programa metodológico de leitura e produção de textos centradas em seu contexto interacional, de Rojo, fica claro que o objetivo central para o ensino de língua são as dinâmicas social, histórica, cultural e ideológica que motivam os textos: o discurso. O vetor aqui é marcadamente **centrífugo**, para fora do texto.

No entanto, nessas orientações discursivas, a estrutura dos textos não é absolutamente negligenciada. A diferença aqui é que ela é **um fim**, e não **um meio**. Quer dizer, são as condições discursivas que definem as estruturas gramaticais – de frases, microlocalizadas, ou de sequências de parágrafos, macrolocalizadas –, e não o contrário. Nesse sentido, as teorias de veia discursiva não deixam a gramática totalmente enjaulada e apresentam mesmo algumas relativizações, embora céticas ou pessimistas. Faraco (2006, p. 217), por exemplo, aponta para a relevância das questões formais do texto, mas não acredita na existência de alguma teoria que – hoje – dê conta disso: "não parece existir ainda uma sintaxe, micro ou macro, que responda com adequação e abrangência às demandas de uma perspectiva que pense a linguagem primordialmente como atividade, como inter-ação". Rojo (2005, p. 199), por outro lado, chega mesmo a dispensar o enfoque formal do texto como tarefa: "Assim, talvez o analista possa chegar a certas regularidades do gênero, mas estas serão devidas não às formas fixas da língua, mas às regularidades e similaridades das relações sociais numa esfera de comunicação específica".

De acordo com as Diretrizes Curriculares do Paraná (Paraná, 2008, p. 50),

> *Sob essa perspectiva, o ensino-aprendizagem de Língua Portuguesa visa aprimorar os conhecimentos linguísticos e discursivos dos alunos, para que eles possam compreender os discursos que os cercam e terem condições de interagir com esses discursos. Para isso, é relevante que a língua seja percebida como uma arena em que diversas vozes sociais se defrontam, manifestando diferentes opiniões.*

A mesma tendência pode ser observada nos demais documentos oficiais de ensino: os Parâmetros Curriculares Nacionais (PCN), as Orientações Curriculares Nacionais (OCN) e os programas municipais.

Tudo bem. Mas o professor que põe os olhos tanto nos programas quanto na bibliografia teórica de orientação curricular encontra igualmente a proposta de trabalho com as formas linguísticas dos textos: o tratamento de sua **estrutura**.

Obviamente, a discussão aqui não enfoca mais a problemática das normas gramaticais, de raciocínio dedutivo, que visam tão somente à correção da norma-padrão. A "forma", nesses mais de 30 anos de linguística brasileira, em sua bandeira de crítica à gramática normativa, abre o leque de terminologias para "regularidades gramaticais", de "raciocínio indutivo", que objetivam a descrição da "norma culta"*. Logo, a diferença é que o aluno não parte da regra para sua aplicação, mas da análise para a regra de uso. O vetor muda de direção: agora é **centrípeto**, de fora para dentro do texto.

A gramática, nesse sentido, é redirecionada às unidades estruturais da língua que provoquem efeitos discursivos: recursos coesivos que atuem nos níveis morfológico, sintático e semântico e que sejam "visíveis" às condições contextuais do texto. Por exemplo, a opção de uso de um *mas* na articulação de parágrafos de um texto argumentativo é muito mais do que uma "conjunção coordenativa adversativa"; é, sobretudo, um articulador de vozes contraditórias que marcam o embate de vozes basal da estrutura argumentativa. Assim, a gramática "não ganha relevância,

---

* Faraco (2008) faz uma oportuna distinção entre "norma-padrão", modalidade defendida pela gramática tradicional-escolar, e "norma culta", a conta das regularidades verificadas nas modalidades de prestígio de uma sociedade. Esta última, portanto, é objeto de descrição, enquanto a primeira é objeto de prescrição.

simplesmente porque nos orienta na correção de erros. Há, sim, um sentido positivo, enquanto representa um conjunto de possibilidades que regulam o funcionamento de uma língua, para que ela se efetive socialmente" (Antunes, 2005, p. 166).

Observe-se que as marcas formais e coesivas do texto, ou a "nova gramática", só fazem sentido aqui se acondicionadas ao discurso. Mas elas existem. Da mesma forma, se há base teórica do tratamento discursivo, especialmente em Bakhtin, há também base teórica do tratamento de estrutura. E possivelmente o texto basilar dessa vertente, para o recorte do século XX, é de Halliday e Hasan (1976). Com fundamento epistemológico estruturalista, o texto é visto como um conjunto de frases concatenadas, constituidoras de sua "textura" e motivadas por relações coesivas. Logo, sem coesão, um texto não é texto.

As relações coesivas, para os autores, são agrupadas em conexões semânticas de adição (1), adversidade (2), causa (3) e tempo (4), e as relações de correferência ramificam-se em exóforas (5), quando se referem a um indivíduo fora do texto, e endóforas, quando se referem a um indivíduo já apresentado no texto. Estas se dividem em anáforas (6), com referência anterior, e catáforas (7), com referência posterior. As anáforas podem ser construídas por estruturas de substituição lexical (8), pronominal (9) e por elipse, cuja notação costuma ser "ø" (10)*:

---

* Tradução e grifo nosso.

1. "Eu estava bem perto abrindo a janela, **e** te pondo pra fora na neve! E você tinha merecido isso!" (Halliday; Hasan, 1976, p. 245).
2. "Todas as figuras estavam corretas; elas foram checadas. **Embora** o conjunto tenha resultado errado." (Halliday; Hasan, 1976, p. 250).
3. "Ela sentiu que não havia mais tempo para se perder, **pois** estava horrorizando-se rapidamente." (Halliday; Hasan, 1976, p. 256).
4. "Alice começou pegando a chave de ouro pequena, abrindo a porta que dava no jardim. **Então** ela sentou junto ao cogumelo." (Halliday; Hasan, 1976, p. 261).
5. "Ele é um bom e alegre sujeito/E assim pensamos todos **nós**." (Halliday; Hasan, 1976, p. 32).
6. "Aonde você vai?/Alimentar os peixes./É **isso** que estava tentando me lembrar agora." (Halliday; Hasan, 1976, p. 69).
7. "**Isto** é o que me preocupa: não obtenho nenhuma informação relevante." (Halliday; Hasan, 1976, p. 70).
8. "O tempo voa/Você não pode; eles **voam** muito rápido." (Halliday; Hasan, 1976, p. 4).
9. "Pensei que tinha acabado com a tarefa mais árdua. Eles não me falaram sobre **essa**." (Halliday; Hasan, 1976, p. 93).
10. "Você estava nadando?/Sim, estava ø." (Halliday; Hasan, 1976, p. 167).

O problema é que, na motivação inicial, os recursos são ilustrados numa relação entre duas frases, ou em um parágrafo, no máximo, o que logo de cara exclui o texto como a unidade comunicativa básica para a análise. As teorias dessa orientação transfrástica, em que as relações básicas de significação estão no conjunto coeso de relações entre frases, desdobram-se em classificações e listagens de recursos coesivos, na divisão clássica entre coesão referencial e sequencial e suas releituras. Há, nesse sentido, referências pontuais da linguística brasileira: Koch (1989, 2004), Koch e Elias (2008), Fávero (1995) e Antunes (2005), só para citar os mais circulados entre os cursos e oficinas que marcaram a formação de professores desde a década de 1980 até hoje.

Nas orientações curriculares mais recentes, há ecos da fase áurea da coesão textual, à medida que se propõem estratégias de trabalho com língua baseadas em seus recursos. No Texto 2.3, extraído das Orientações Curriculares Nacionais para o Ensino Médio (OCNEM), do Ministério da Educação (MEC), por exemplo, há uma interessante lista de procedimentos.

Texto 2.3 – Trecho das Orientações Curriculares Nacionais para o Ensino Médio (OCNEM), 2007

> Eixos organizadores das atividades de Língua Portuguesa no ensino médio – análise dos fatores de variabilidade das (e nas) práticas de língua(gem)
> [...]
> Estratégias textualizadoras:
> - uso de recursos linguísticos em relação ao contexto em que o texto é construído (elementos de referência pessoal, temporal, espacial, registro linguístico, grau de formalidade, seleção lexical, tempos e modos verbais);
> - uso de recursos linguísticos em processos de coesão textual (elementos de articulação entre segmentos do texto, referentes à organização – temporal e/ou espacial – das sequências do texto ou à construção da argumentação);

> - modos de organização da composição textual – sequências textuais (tipos textuais narrativo, descritivo, argumentativo, injuntivo, dialogal);
> - organização da macroestrutura semântica (dimensão conceitual), articulação entre as ideias/proposições (relações lógico-semânticas);
> - organização e progressão temática.

FONTE: Brasil, 2006, p. 38, grifo nosso.

Com base nessa exposição, fica destacada uma dupla orientação teórica apresentada aos professores: ora para o discurso, ora para a estrutura. As duas opções, porém, não são excludentes. As teorias que defendem o discurso acreditam na forma subjacente (embora, segundo Faraco (2006), ainda não satisfatoriamente descrita), enquanto as teorias que defendem recursos formais só os postulam se condicionados a situações interacionais (o que se verificou na fase de análise de coesão posterior à década de 1990).

A questão que queremos levantar aqui – e que nos motivou a repensar alternativas de avaliação de textos – é a seguinte: A relação entre opções gramaticais e discurso é direta? Ou o contrário, já que estamos sugerindo a ordem inversa: O discurso motiva frontalmente escolhas na gramática?

Obviamente, não. No meio desse caminho, estão os gêneros textuais e suas composições estruturais, nomeadas na literatura como *sequências textuais* e motivadas teoricamente pelo pressuposto sociocognitivo. Ou seja, no meio desse caminho, há uma modelação cognitiva que agrupa regularidades da planificação textual entre gêneros orientados para as seguintes sequências: narração, descrição, argumentação, explicação e diálogo*. Logo, o funil de análise e avaliação textual (e da própria concepção de ação de linguagem) fica redesenhado: **do discurso para as sequências e depois para as unidades gramaticais**. Nesse percurso, estão as pistas mais interessantes de avaliação. Explicitaremos a tríade na próxima seção.

> Para refletir e discutir
>
> Em suas correções e avaliações dos textos dos alunos, você prioriza discurso ou gramática? É uma opção semelhante à dos colegas?

doispontodois
Mais um componente entre discurso e estrutura: sequências textuais

Na perspectiva sociocognitivista de concepção de texto, a grande vantagem é que se resgata uma ideia de composição textual que associa os dois vetores da construção textual que, num primeiro

---

* As sequências textuais estão sugeridas no documento oficial do MEC, as OCN para o ensino médio, conforme pode ser visto no Texto 2.3, apresentado anteriormente. Isso tem aparecido em outros documentos curriculares e/ou orientações metodológicas para o professor. Mas o problema levantado aqui é que, sistematicamente, não se explorou ainda, de forma aprofundada, a opção das sequências no trato metodológico e teórico para o professor. Esse, obviamente, é um dos objetivos desta obra.

olhar ingênuo, podem ser interpretados como incompatíveis: o **discurso** e a **gramática**. De um lado, o vetor que leva a análise para fora do texto, para seu contexto, história e condições ideológicas, para a concepção de língua como linguagem e, consequentemente, para a construção de gêneros discursivos; de outro lado, o vetor que leva a análise para as construções especificamente linguísticas, da gramática e seus desdobramentos fonológicos, morfossintáticos, semânticos e estilísticos, para a concepção de língua como sistema e, por conseguinte, para a construção dos gêneros textuais e de suas sequências relativamente modulares. Na retórica dos termos epistemológicos, a proposta sociocognitivista é o ponto de intersecção declarado entre a análise do discurso e a linguística textual.

Ora, texto é discurso, e seu conjunto de opções estruturais são acondicionadas a sequências textuais. Há, hoje, dois nomes emblemáticos que atuam como porta-vozes dessa tendência: Jean-Paul Bronckart e Jean-Michel Adam. Ambos estão ligados de alguma forma à Escola de Genebra, que a partir da década de 1970 formou um grupo de pesquisadores, entre acadêmicos e professores, que recuperou os estudos bakhtinianos no ambiente cognitivista europeu do legado piagetiano. O resultado? Uma combinação entre o fundamento sócio-histórico marxista e a base psicocognitivista do desenvolvimento. A mistura é considerada por alguns teóricos uma perigosa "salada" de ideias, que liga o que é incompatível. Mas por que não? Vivemos em uma época em que a orientação filosófica é essa mesma, do relativismo e da polivalência de respostas.

É mais ou menos nesse sentido que podemos levantar uma crítica à crítica de Ferdinand de Saussure. Sua figura é incansavelmente atacada pelos pragmaticistas, delatores do peso engessado do sistema linguístico, que leva o significado às estruturas. Para eles, o significado está no contexto. Seus pressupostos são igualmente falseados por vertentes mais radicais da Análise do discurso, que condenam o trato unívoco da comunicação. Essa é uma das principais críticas que o próprio Bakhtin levanta em seus textos: a linguagem não se dá no sentido unidirecional do locutor para o ouvinte, mas na dinâmica responsiva entre interlocutores, o que, como veremos mais adiante, define **dialogismo**.

No entanto, Saussure não exclui o aspecto externo do sistema linguístico, o que fica patente nas suas famosas dicotomias: a língua e a fala, a forma e a substância. Isso é definição **ontológica** de língua. De outra parte, há um projeto para a linguística, que se justifica no começo do século XX com a marca do estruturalismo e a reação ao apego às originalidades da linguística histórica do século XIX, cujo objetivo era estudar seu sistema, no recorte sincrônico e relacional. Isso é definição **metodológica** de objeto de análise. Eis o que julgamos necessário para interpretarmos Saussure hoje: sua reflexão ontológica é uma coisa, e sua proposta metodológica para a ciência linguística é outra.

Curiosamente, tanto Bronckart quanto Adam recuperam um Saussure muito pouco citado: o que concebe a língua como discurso. Sim! Saussure propõe essa reflexão... Quer dizer, historiograficamente, a linguística é mostrada conforme o ângulo com que cada um quer vê-la. E existia um Saussure que ninguém quis ver até agora. Esse jogo de citações são os famosos movimentos político-ideológicos que a academia promove sobre as ideias.

Vamos examinar alguns trechos citados por Saussure:

> "A qualquer momento, e contrariamente às aparências, [a língua] não existe fora do fato social"* (Saussure, 1967 [1915], *Cours de Linguistique générale*, citado por Bronckart, 2003, p. 153).
>
> "[Nota sobre o discurso]
> A língua é criada unicamente com vistas ao discurso, mas o que separa o discurso da língua, ou o que, em certo momento, permite dizer que a língua entra em ação como discurso?
> Conceitos variados estão prontos na língua (quer dizer, revestidos de uma forma linguística), tais como *boi, lago, vermelho, triste, cinco, rachar, ver*. Em que momento ou em virtude de que operação, de que jogo que se estabelece entre eles, em que condições esses conceitos formarão o DISCURSO?
> A sequência dessas palavras, por mais rica que seja pelas ideias que evoca, não indicará jamais a um indivíduo humano que outro indivíduo humano, ao pronunciá-las, queira significar-lhe alguma coisa. O que se faz necessário para que tenhamos a ideia de que alguém quer significar alguma coisa, usando termos que estão à disposição da língua? É a mesma pergunta que fazemos para saber o que significa o discurso, e, à primeira vista, a resposta é simples: o discurso consiste, ainda que de forma rudimentar, e por vias que ignoramos, em afirmar um elo entre dois conceitos que se apresentam revestidos de forma linguística, ao passo que a língua apresenta previamente apenas conceitos isolados que esperam ser postos em relação entre eles para que exista significação de pensamento." (Saussure, 2002, *Écrits de linguistique générale*, citado por Adam, 2008, p. 30).

---

* Tradução nossa para o trecho original em francês: "*à aucun moment, et contrairement aux apparences, [La langue] n'exite em dehors du fait social*".

Surpreendente. Saussure entra nas reflexões sobre discurso. E tudo parece fazer o maior sentido, pois ele não seria tão absurdamente reacionário para conceber a língua sem seu uso discursivo. No entanto, mais do que uma descoberta quase antropológica de reflexões alternativas saussurianas ou mais do que contextos teóricos contraditórios, mas plausíveis, o resgate traz por si uma proposta de concepção de língua, ou de ação criadora da língua, que consiste na atuação do discurso sobre a gramática. Essa concepção é tão antiga quanto absurdamente atual: a filosofia da linguagem presente em Humboldt. Nos termos do pensador da virada do século XVIII para o XIX: "a língua consiste somente no discurso conectado, a gramática e o dicionário são comparáveis a seu esqueleto morto" (Humboldt, 1903-1936, citado por Adam, 2008, p. 31).

Assim, a gramática só existe pelo discurso, como se o discurso promovesse escolhas sobre as estruturas. Para Humboldt (citado por Heidermann; Weininger, 2006, p. 57), em seu emblemático e enigmático estilo, "A essência da linguagem consiste em moldar a matéria do mundo dos fenômenos na forma dos pensamentos; todo o seu intento é formal, e, como as palavras substituem a posição dos objetos, também a elas enquanto matéria deve se opor uma forma à qual elas são submetidas".

A mesma base filosófica aparece em Carlos Franchi (1976, 2002), um dos maiores nomes da linguística brasileira. O autor emprega, emprestado de Fillmore (1967, citado por Franchi, 1976, p. 10), o rótulo cognitivo de "perspectiva" à escolha:

Mas ela [a significação] pode ser a descrição completa das condições dos 'atos' de fala mais gerais e dos mais específicos, que se multiplicam na interação comunicativa, como regras constitutivas desses mesmos atos e de suas especificidades [...] Ou ainda, pode constituir um componente que se associa aos componentes sintático e semântico, para buscar compreender de que modo essas estruturas funcionam no ato de comunicação propriamente dito, isto é, no momento em que são chamados a veicular alguma realidade extralinguística refletida pelo pensamento e precisam aparecer num adequado tipo de 'perspectiva' (que se instaura conforme as condições de produção e da situação).

É uma concepção de língua e linguagem bastante convincente, que vem suprir um hiato entre ação e estrutura, entre social e formal ou entre discurso e gramática que o estruturalismo – e sua crítica – criou nos últimos quase cem anos. No fim, o discurso necessita da estrutura da língua para promover suas escolhas e fazer rodar as significações. De outro lado, a língua depende do discurso para sair do engessamento formal. Nos termos humboldtianos, se a gramática é um "esqueleto morto", ela precisa ganhar vida nos movimentos do discurso. Da profundidade e da complexidade desse esqueleto morto, qualquer sintaticista, semanticista, fonólogo – ou simpatizante das boas causas formalistas – conhece a relevância.

Ao citar revolucionariamente Saussure e sua concepção de discurso, Bronckart (2003, p. 153) reforça o programa da perspectiva do interacionismo sociodiscursivo (ISD) das reflexões sobre a linguagem de braços dados com análises formais: "Mais globalmente, o ISD visa pôr em evidência e a formalizar os mecanismos de interação que se desdobram entre os quatro sistemas que foram evocados: a língua, a atividade social, a psicologia e o textual/discursivo"*.

Igualmente, ao citar as veias discursivas escondidas de Saussure e chamar à baila a ação criativa da linguagem de Humboldt, Adam num certo sentido faz mais do que isso: enlaça seus braços às análises formais da língua, mas também reforça a intermediação da mente no processo de criação linguística. Ainda em Humboldt (citado por Heidermann; Weininger, 2006, p. 131-133) e seus enigmáticos pensamentos:

> *O ato de falar é uma condição necessária para o ato de pensar do indivíduo na solidão isolada. Na sua aparição, porém, a linguagem apenas se desenvolve socialmente e o homem apenas compreende a si mesmo mediante tentativas de testar a compreensibilidade de suas palavras com outros. Pois a objetividade aumenta se a palavra por ele formada ressoar de uma boca alheia. Porém, nada é roubado da sua subjetividade, pois o homem sempre se sente uno com o homem; inclusive ela aumenta, pois a representação transformada em linguagem não mais pertence a um sujeito. Ao passar para outros, essa representação associa-se ao bem comum de toda a raça humana, do qual cada indivíduo carrega dentro de si a ânsia de ser completada pelos demais. Sob iguais circunstâncias, quanto maior e mais vivaz for a interatuação social conjunta sobre uma língua tanto mais ela ganha.*

---

* Tradução nossa para o trecho original em francês: *"Plus globalement, l'ISD vise à mettre em évidence et à formaliser lês mécanismes d'interaction que se déploient entre lês quatre 'systèmes' qui viennet d'être évoquées: La langue, l'activité sociale, Le psychologie et Le textuel/discursif".*

E é por isso que o programa é nomeado por Adam como "sociocognitivismo", pois a representação das estruturas comunicativas estará alocada na mente dos sujeitos. As sequências textuais, nesse sentido, são o substrato dos gêneros textuais com essa dupla natureza: são, ao mesmo tempo, produto da história social das comunidades em interação verbal e modulação cognitiva de suas estruturas. Portanto, são elementos sociais e cognitivos.

Uma ingênua história oral para fazer uma criança dormir é fruto de algumas centenas de anos de tradição social da narrativa oral, constituindo-se como um gênero primário*, ao mesmo tempo que ganha suporte cognitivo em operações mentais básicas, como a passagem dos eventos generalizados da sequência descritiva (na flexão do aspecto imperfectivo e suas contribuições composicionais: *era uma vez, vivia numa floresta, colhia flores todos os dias* etc.) para a especificidade dos eventos localizados no tempo da sequência propriamente narrativa (na flexão do aspecto perfectivo e suas vizinhanças: *de repente, chegou o lobo mau, olhou para a vovozinha, dormiu sossegado* etc.). A passagem do raciocínio geral, de operação larga sobre o tempo, para o raciocínio específico, de

---

* Gêneros primários associam-se à oralidade e a registros informais, enquanto os secundários, à escrita e a registros formais: "Não há razão para minimizar a extrema heterogeneidade dos gêneros do discurso e consequente dificuldade quando se trata de definir o caráter genérico do enunciado. Importa, nesse ponto, levar em consideração a diferença essencial existente entre o gênero de discurso **primário** (simples) e o gênero de discurso **secundário** (complexo). Os gêneros secundários do discurso – o romance, o teatro, o discurso científico, o discurso ideológico etc. – aparecem em circunstâncias de uma comunicação cultural mais complexa e relativamente mais evoluída, principalmente escrita: artística, científica, sociopolítica. Durante todo o processo de sua formação, esses gêneros secundários absorvem e transmutam os gêneros primários (simples) de todas as espécies, que se constituíram em circunstâncias de uma comunicação verbal espontânea" (Bakhtin, 1992, p. 281, grifo do original).

operação específica, ilustra o comportamento cognitivo do movimento textual narrativo.

Vamos voltar para a nossa causa mais direta e latente: o texto do aluno. Já é tempo de fazer isso, depois de tanto pressuposto peso-pesado para a linguagem! No Texto 2.4, de 4ª série (9 para 10 anos, atual 5º ano), a proposta era a elaboração de uma história vivenciada pela família. A criança apresenta marcas fortes de oralidade, a partir do uso frequente do articulador "e", o que sugere a falta de controle entre o gênero primário, da oralidade, e o secundário, da escrita. No entanto, outros tantos articuladores revelam o controle da sequência narrativa ("era uma vez", marcando a **situação inicial**, "por causa" marcando a **complicação**, "daí" e "enfim", marcando a **solução**, e "assim", marcando o **desfecho**). A frase "E daí venho as melhor amigas da sua mãe para pedir se ela podia ir a uma festa de aniversário e a sua amiga da dona Maria" sintetiza os problemas gramaticais – de referenciação, concordância, conexão – que precisam ser reescritos para esclarecer as ações solucionadoras da complicação narrativa.

Texto 2.4 – Narrativa sobre uma experiência vivida em família – de 4ª série (5º ano)

Um dia de ir a festa

Era uma vez uma menina que não podia sair de casa.
E ela ganhou um convite para ir a uma festa de aniversário.
E o pai dela não queria deixar ela sair de casa.
Por causa de uma fofoca que foram dizer pro seu Daniel.
E a mãe dela deixou ela ir só o seu Daniel que não queria deixar ela ir a festa.
E daí venho as melhor amigas da sua mãe para pedir se ela podia ir a uma festa de aniversário e a sua amiga da dona Maria.
E conversaram com os pais da Aline se dava para ir a festa.
E enfim deixaram a Aline ir a festa de aniversário da sua madrinha chamada Larisa.
E assim acaba a história.

FONTE: Acervo pessoal da autora.

Ou seja, ela (a criança) passa pelo controle discursivo, pelas etapas sequenciais da narrativa e pelas opções formais/gramaticais decorrentes das opções anteriores.

Em suma, há questões textuais de discurso, sequências textuais e opções gramaticais (interdependentes) que viabilizam uma análise mais produtiva para a avaliação e correção da produção dos nossos alunos. Nas subseções seguintes, nossa intenção é detalhar – entre mais teoria e bem mais exemplos – cada um desses três passos da atividade criativa do texto.

> **Para saber mais**
>
> Acesse os seguintes *links* para saber mais a respeito dos gêneros discursivos e textuais:
>
> ZANELLA, D. A. V. **Gênero textual exercícios**. Disponível em: <http://pt.scribd.com/doc/19016033/Genero-Textual-Exercicios>. Acesso em: 1 out. 2014.
>
> COSTA, M. A. da. **Alteridade em dissertação e tese**: o pesquisador frente aos teóricos. 2008. Disponível em: <http://www.academicoo.com/tese-dissertacao/the-digital-educational-forum-gender-and-the-discursive-ethos-of-the-subjects-within-interactional-practices>. Acesso em: 1 out. 2014.
>
> LUDMILA. **A verdadeira funcionalidade dos gêneros textuais**. 2008. Disponível em: <http://saberes.forumeiros.com/t9-a-verdadeira-funcionalidade-dos-generos-textuais>. Acesso em: 1 out. 2014.

2.2.1 Discurso

Há o mundo inteiro para se discutir aqui, muito além do que já foi explorado nas seções anteriores. Além disso, há estudos bem mais aprofundados e teoricamente robustos sobre o tema, já como produto de nossa tradição de pesquisa brasileira*. Mas, por voto à boa simplicidade teórica em união à boa causa pedagógica da avaliação, vamos levantar dois tópicos sobre a noção de

---

* Nesse sentido: Fiorin (2006, 2008) Brait (2010a, 2010b), Barros (2002), Barros e Fiorin (2008), Ramalho e Resende (2007), além dos estrangeiros Fairclough (2001), Maingueneau (2005), entre outros.

discurso que nos viabilizarão o olhar clínico da produção do aluno: 1) o **princípio dialógico** e 2) a **condição sócio-histórica** do texto.

Essas duas bases definicionais derivam diretamente do levantamento crítico que o próprio Bakhtin (1992 [1953], 1981 [1929]) fez no contexto de estudos da linguagem de sua época: a **crítica ao objetivismo abstrato do determinismo saussuriano** e a **crítica ao idealismo subjetivista do século XIX**. São vários jargões filosóficos, mas que nos ajudam a entender o movimento discursivo cujas inferências queremos concretizar nos textos. Num raciocínio paralelo, a crítica ao objetivismo abstrato de Saussure leva ao conceito de dialogismo, enquanto a crítica ao subjetivismo abstrato leva à concepção histórica do texto.

O **objetivismo abstrato** é encarnado em Bakhtin na figura de Saussure. Bakhtin (1981) o condena por conceber a língua como objeto unidirecional da atividade social do homem, na concepção comunicativa de um falante emitindo um enunciado e de um ouvinte processando sua significação. Pictoricamente, o ato linguístico fica desenhado como uma flecha unidirecional do falante para o ouvinte, assim como mostra a Figura 2.1.

FIGURA 2.1 – AÇÃO COMUNICATIVA EM SAUSSURE, SEGUNDO BAKHTIN

Para Bakhtin (1981), o esquema não representa a essência da atividade comunicativa. Um enunciado nunca acontece sem a previsão ou antecipação da resposta do ouvinte. Um ato comunicativo, nesse sentido, é uma trama de vozes que inclui o que se supõe da voz do outro. Isso é facilmente ilustrável. Uma sentença de pedido de empréstimo de um livro, por exemplo, ganhará o contorno da interlocução: ao ser falada a um amigo próximo ("Aí, velho, me empresta o Machado que você comprou na semana passada!") ou ao ser falada a um professor de poucos sorrisos ("O senhor não poderia me emprestar o livro do Machado que foi referido na última aula? É só por uns minutos..."), e assim por diante. São tantas as maneiras de falar quantas forem as situações interlocutivas, motivadas pelos contornos sócio-históricos. Cada ouvinte com sua voz, que se projeta na voz do falante. O esquema fica então alterado, como mostra a Figura 2.2.

FIGURA 2.2 – AÇÃO COMUNICATIVA DE BAKHTIN

Aí está a origem da concepção de **dialogismo** em Bakhtin: todo ato comunicativo pressupõe diversas vozes.

Uma observação historicamente importante diz respeito à alteridade dialógica da linguagem, que já era preconizada pela tradição retórica desde os clássicos e postulada mesmo como o princípio fundamental da linguagem humana. Logo, o dialogismo não é traço de texto, mas **princípio básico da concepção de linguagem** da tradição filosófica.

Para reforçar a referência à retórica, vale recuperar um trecho de Fedro, escrito no século III a.C. Nele, Platão põe na voz de Sócrates, de quem era discípulo, uma conceituação básica para o discurso. Após ter ouvido o discurso de Lísias, Fedro indaga Sócrates sobre qual é a razão da beleza e virtude de seu discurso. Sócrates responde com a **metáfora do vaso** (nosso discurso é como um vaso, em que se vão depositando outras vozes):

> FEDRO – Quem são eles? Onde existe coisa melhor do que este discurso?
> SÓCRATES – De momento não posso dizê-lo com exatidão. Só uma coisa é clara: é que ouvi isso de alguém – talvez da bela Safo, do sábio Anacreonte ou de outro escrito qualquer. Sabes o que me leva a essa suposição? É o meu coração, caríssimo; sinto que ouvi outra coisa não inferior ao discurso que leste. Bem sei que eu próprio não a inventei, pois conheço a minha ignorância. Uma coisa me resta, entretanto: *como um vaso, deixo-me encher pelos pensamentos alheios que entram em mim pelo ouvido.* (Platão, 2004, p. 66, grifo nosso)

Se Sócrates justifica a riqueza do seu discurso pelas palavras dos outros, como destacado na citação anterior, ele edifica a noção de dialogismo própria à filosofia clássica sobre o discurso. Essa noção, portanto, é mais antiga do que se supõe: remonta à filosofia da linguagem do pensamento clássico, especialmente no pressuposto filosófico do questionamento retórico sobre a natureza da linguagem.

Qual foi a motivação dessa reflexão? O ato retórico surge para dar conta das organizações sociais das cidades gregas da Antiguidade. As relações sociais eram organizadas por julgamentos sobre os indivíduos, pois na época – claro – não havia advogados, apenas "retores". Logo, os cidadãos eram levados a atos de oratória para convencer um auditório de sua inocência ou, de outro lado, eram levados a arguir contra outro cidadão. Esse auditório era composto de três tipos de ouvintes: 1) o povo em geral, 2) a Assembleia – responsável pelas leis –, 3) e os juízes – responsáveis pelo próprio julgamento. O discurso, ou segmento dele, dependia do tipo de auditório a quem o orador se dirigia. Daí surgiram, no frutífero pensamento clássico, os primeiros gêneros do discurso, paralelamente aos gêneros literários: o **gênero epidítico** (voltado ao povo), o **gênero deliberativo** (voltado à Assembleia) e o **gênero judiciário** (voltado aos juízes).

Essa situação prática da vida pública tinha também desdobramento no pensamento filosófico, que a fundamentava. Os pensadores clássicos do surgimento da retórica vinham em contraposição (e, ao mesmo tempo, em continuidade) aos sofistas. Se estes acreditavam que no discurso tudo pode, pois não existem verdades, os retóricos herdaram a tradição da reflexão sobre a linguagem, mas com o resgate de que há uma relação com os fatos. No entanto, tanto os sofistas quanto os retóricos partem de um mesmo fundamento: a linguagem pressupõe controvérsia. Isso quer dizer que qualquer enunciado traz, pelo menos, um ponto de vista, uma ideia, e o seu oposto, a outra ideia que se quer derrubar. Nesse sentido, Platão fortalecia a reflexão sobre a natureza da linguagem motivada pela retórica e edificava os fundamentos do dialogismo, defendendo a complexidade de vozes constituidoras de qualquer discurso.

Posteriormente, é Aristóteles quem sistematiza as reflexões retóricas de sua época e as aproxima do exercício da argumentação. Para ele, a retórica está entre o sofismo – arte da controvérsia que pode fazer valer tanto o absurdo quanto o falso – e a demonstração – raciocínio lógico das inferências formais. Essa associação justifica-se porque a retórica define-se pela dialética. E o que a retórica tem de dialética e de argumentação? Ora, ela prova tanto a tese quanto o seu contrário. E isso envolve raciocínio de prova, que pode ser concebida como uma técnica discursiva, no melhor sentido possível do termo, com base na interpretação do texto aristotélico.

Voltando ao pressuposto do enunciado retórico, o indivíduo sempre fala naquele contexto imaginando o outro ou o auditório a quem ele se dirige. Ou seja, ao emitir um enunciado, o orador/falante toma como ponto de partida a voz de outro indivíduo, contrária à sua, e também a voz de um "outro", que está a seu favor. Logo, o que conhecemos hoje como pessoas do discurso – eu, tu, ele – são efetivamente as vozes constituintes da natureza do discurso, que se traduzem como o próprio pressuposto dialógico da linguagem. A origem dessa reflexão filosófica está no pensamento clássico retórico.

E os desdobramentos filosóficos desse pressuposto chegam a nossos dias traduzidos de diferentes formas, mas é nas reflexões de Bakhtin (1992, p. 318-319) que a dialética discursiva ganha corpo na assunção do dialogismo como pressuposto da linguagem humana:

> O enunciado é um fenômeno complexo, polimorfo, desde que o analisemos não mais isoladamente, mas em sua relação com o autor (o locutor) e enquanto elo na cadeia da comunicação verbal, em sua relação com os outros enunciados [...]. O enunciado reflete o processo verbal, os enunciados dos outros e, sobretudo, os elos anteriores (às vezes os próximos, mas também os distantes, nas áreas da comunicação cultural).

Em outros textos que tratam de concepção de linguagem, o pressuposto dialógico também aparece. Olbrechts-Tyteca e Perelman (1996, p. 16), ao tratarem da manifestação da linguagem na base da tradição retórica em sua teoria da argumentação, por exemplo, programam que "a pessoa deve, notadamente, conceber-se como dividida em pelo menos dois interlocutores que participam da deliberação".

Retomemos o **idealismo subjetivista** – a segunda postura crítica de Bakhtin às correntes filosóficas ainda vigentes em sua época. Nele, seu olhar crítico se concentra basicamente na orientação da concepção de indivíduo do século XIX – a mesma que justifica o pensamento romântico e idealista da fase antirracionalista do pensamento filosófico da época. Ou seja, valem mais as justificativas individuais dos produtos humanos do que o contexto social e histórico.

A literatura nos traz bons exemplos dessa contradição filosófica nas obras da fase do romantismo, começo do século XIX, em que há personagens não idealizados como heróis, com a condição inata de suas habilidades e virtudes. Assim, o herói romântico encarnado no índio brasileiro, como Peri, de José de Alencar, em *O Guarani*, tem alma e coragem de um guerreiro clássico, aos moldes do imaginário europeu. Por outro lado, uma personagem como Rita Baiana, de Aluísio de Azevedo, em *O Cortiço*, é condicionada fatalmente às condições sociais, econômicas e culturais de seu meio. Não há inspiração subjetiva alguma que a transforme em uma heroína. Assim, no idealismo romântico, a consciência humana tem a força de mover e resolver os embates sociais, enquanto, no assujeitamento realista, já na sinalização do pensamento marxista, é o meio social e ideológico que conduz e imobiliza a dinâmica social, não contando mais o individual.

Nos termos de Bakhtin (1981, p. 33):

> *A filosofia idealista e a visão psicologista da cultura situam a ideologia na consciência. Afirmam que a ideologia é um fato de consciência e que o aspecto exterior do signo é simplesmente um revestimento, um meio técnico de realização do efeito interior, isto é, da compreensão. O idealismo e o psicologismo esquecem que a própria compreensão não pode manifestar-se senão através de um material semiótico (por exemplo, o discurso interior), que o signo se opõe ao signo, que a própria consciência só pode surgir e se afirmar como realidade mediante a encarnação material em signos [...].*

Logo, Bakhtin (1981) aponta para o fato de que a consciência/pensamento só se constrói por uma sucessão de signos (no plural), e não simplesmente na construção de um só signo, uma só consciência ou um só pensamento. É o conjunto de fatos sociais que fundamentam e movem as ideias e as relações em sociedade, incluindo os gêneros discursivos – tudo na fina orientação marxista.

É o foco histórico e social que justifica, então, a definição bakhtiniana de gêneros discursivos. As sociedades constroem, na submissão de suas necessidades históricas, maneiras de se efetivarem situações comunicativas. Quer dizer, no movimento histórico natural da comunicação social humana, as comunidades fazem uso de **instrumentos de comunicação,** nomeados desde a retórica clássica e novamente em Bakhtin por **gêneros do discurso.** A diferença de Bakhtin em relação à história da filosofia da linguagem ocidental é que ele fundamenta essa definição na base do materialismo dialético, próprio de seu contexto: é a história social que motiva os gêneros do discurso.

A noção de instrumento como balizador das relações sociais vem da sociologia, mas é em Schneuwly (2004) que ela ganha corpo na definição de gênero: é como se o gênero estivesse intermediando a ação do indivíduo social e de seu meio discursivo. Nos termos do autor:

> *Os instrumentos encontram-se entre o indivíduo que age e o objeto sobre o qual ou a situação na qual ele age: eles determinam seu comportamento, guiam-no, afinam e diferenciam sua percepção da situação na qual ele é levado a agir. A intervenção do instrumento – objeto socialmente elaborado – nessa estrutura diferenciada dá à atividade uma certa forma; a transformação do instrumento transforma evidentemente as maneiras de nos comportarmos numa situação.* (Schneuwly, 2004, p. 23)

Daí a base dialética nos estudos de origem bakhtiniana. Porém, mais adiante, Schneuwly (2004, p. 25) sentencia: "O que é um gênero? Gênero é instrumento".

Vamos recuperar os conceitos de discurso pertinentes aos nossos objetivos. Em primeiro lugar, discurso é **dialógico** – por pressuposto filosófico, e não por traço virtuoso do "bom texto". Em segundo lugar, discurso é **produto social,** e não apenas opção individual motivada por idiossincrasias subjetivas. Daí deriva imediatamente uma noção de **gênero** como entidade sócio-historicamente motivada, operando como mediadora das relações sociais, na definição de **instrumento** social.

> ## Para saber mais
>
> **Livro**
>
> RAMALHO, V.; RESENDE, V. de M. **Análise de discurso crítica.**
> São Paulo: Contexto, 2007.
>
> Nesse livro, as autoras apresentam um quadro epistemológico da corrente da análise do discurso crítico e suas relações com as ciências sociais.
>
> **Documentário**
>
> JOGO de cena. Direção: Eduardo Coutinho. Brasil: Videofilmes, 2007.
> 105 min.
>
> Várias mulheres, incluindo atrizes, dão depoimento sobre a vida delas em cenário de teatro. Em vários momentos, a fala de uma sobrepõe-se à de outra. Questão para análise: **Como são construídas as vozes discursivas dialógicas do filme?**

Mas como visualizar esse pensamento nos textos de nossos alunos? Eis o pulo do gato: engendrar as orientações bakhtinianas para a concepção de discurso na materialidade de nossa análise, que em última instância é avaliativa. Quanto ao pressuposto dialógico da linguagem, a alternativa se concentra na ideia de identificar o tecido dialógico do texto e levar o aluno a perceber e a manipular as diferentes vozes aí presentes. É um exercício dos mais complexos, mas também dos mais interessantes para treinar leitura (crítica) e domínio de embates ideológicos, tão sutis quanto imperceptíveis. No entanto, o aluno merece ganhar uma direção para enxergá-los.

Uma proposta de produção textual do programa AVA-PR de 2000 (Paraná, 2001) apresenta um pequeno texto protagonizado por uma bruxa. A partir dele, o aluno é convidado a criar seu próprio texto narrativo com um personagem imaginário. Nessa atividade, um(a) aluno(a) da antiga 4ª série, de 9 para 10 anos, acabou desenvolvendo uma definição de *personagem*. Observe a produção do(a) aluno(a).

Texto 2.5 – Produção textual para o programa AVA-PR 2000 – aluno de 4ª série (5º ano)

> Sabendo oque é personagem
>
> Personagem é um que conta a estória um exemplo é o que modela a estória.
> Os personagem dissa história é a bruxa um sasi então nós inventou a história e os personagem é um ator e atris e os que conta a estéra.
> Um piqueno exemplo eu faço a estória e ós personagem conta a história.
> E esse atores personagem esbudem como nós Eles são famosos ricos mas são dão dão cimplis
> Eles fazem pissa no teatro ou verde ou saquel de melo
> Esses personagens fala uma história sobre bruxas
> Se lembre os personagem são importantes

FONTE: Acervo pessoal da autora.

Ora, a proposta aciona um módulo do pensamento infantil dos mais proeminentes nessa faixa etária: o imaginário. Por um motivo ou outro, o aluno pôs-se na tarefa de conceituar o que é personagem, no lugar de produzir uma narrativa envolvendo algum personagem de sua imaginação. A motivação é abstrata, e o produto verificado no texto também.

No entanto, o legal para nossos objetivos nesta seção é a frase "E esses atores personagem esdudam como nós Eles são famosos ricos mas são dão dão cimplis" [E esses atores personagens estudam como nós. Eles são famosos e ricos, mas são tão simples!]. Nada mais abertamente dialógico do que isso! De onde vem a ideia de que os atores são "famosos e ricos"? Quem fala assim? E de onde vem a concessão realística de que eles "estudam como nós" ou que eles são "dão dão cimplis"? Parece mesmo que o valor maior dessa escala é o estudo, sustentado por uma maneira de viver "simples", mas que a fama e a riqueza são valores que batem à porta dessa moral estabelecida.

> ## Para refletir e discutir
>
> Nos textos de seus alunos, há trechos em que se percebem vozes ideológicas diferentes das deles? Ilustre e compare a outros textos de alunos de seus colegas. Como comentar, com o objetivo de levá-los ao controle dialógico do próprio texto?

Mesmo que o texto tenha sido produzido por um mecanismo de avaliação de sistema, nós mesmos podemos fazer um jogo de imaginação (com personagens reais): Se esse texto fosse de sala de aula, como poderíamos orientar o aluno na avaliação e na reescrita?

A primeira alternativa seria a reestruturação geral do texto, pois a proposta é de narrativa, e não de descrição/exposição conceitual. Mas a questão dialógica pode ser pinçada por meio de uma observação sobre o texto, mesmo que escrita no momento da correção. Nesse sentido, o aluno pode ser levado a refletir sobre o trecho destacado ("E esses atores personagem esdudam como nós Eles são famosos ricos mas são dão dão cimplis"). Como? Uma flecha com alguma correção na margem, de acordo com Ruiz (2010), pode levar o aluno a repensar o implícito de seus valores. Vale dizer que uma infinidade de outras observações pode ser feita nesse sentido. O importante é apontar a flecha ao problema localizado linguisticamente no texto (as justificativas serão desenvolvidas no Capítulo 3). Observe as opções a seguir.

Texto 2.5 – Opções de observações de natureza discursiva

> *Quem pensa assim? Você acha realmente isso? Um exemplo aqui pode te ajudar a pensar sobre isso...*

> *De onde vem a ideia? Ser famoso e rico é diferente de estudar? Vamos repensar isso.*

FONTE: Acervo pessoal da autora.

Com relação ao nosso segundo aspecto definidor de discurso, que é seu caráter social, há igualmente alternativas de como agir sobre os textos dos alunos. Há situações emblemáticas em sala de aula que nos levam a reconhecer o impacto dos problemas sociais externos. Eis a principal dica: o traço textual da condição social não é de um aluno apenas, nem de uma turma específica, mas de um momento histórico de uma classe social em sua dinâmica e problemática social ideologicamente localizadas. Enfrentar esses problemas na forma de discussões e levantamentos de ideias em sala significa promover a análise e o controle de diferentes vozes no trato de uma questão social, e não apenas individual.

É claro que ninguém vai resolver todas as mazelas sociais e suas consequências comportamentais com um giz na mão... A única (e simples) alternativa que temos em sala de aula é promover a conscientização acerca dessas questões. E vamos deixar que a dinâmica histórica dê conta do resto. Nosso papel como professores é mexer com as consciências sociais, e não resolver problemas familiares de um ou de outro.

No texto a seguir, por exemplo, vemos a explicitação de uma problemática social atual que é a constituição familiar e seus valores morais implicados. A proposta surgiu em uma atividade textual de sala de apoio (leia-se: alunos da antiga 5ª série, de 10 para 11 anos, que chegaram à segunda fase da educação fundamental com muita dificuldade). Como consequência, a fase da 5ª série – crucial à introdução do pensamento científico sistematizado – precisa fazer acompanhamento de reforço em contraturno. A produção textual desses alunos é a evidência primeira da situação problemática.

Texto 2.6 – Produção textual realizada em atividade de sala de apoio – aluno de 5ª série (6º ano)

PRODUZINDO UMA HISTÓRIA

① Pesquise com os membros da sua família histórias vividas por eles. Escolha a de que você mais gostar e escreva um texto com o tema: "Contos de família".

CONTOS DE FAMÍLIA

Casa de família

minha família é interesante por que nos brigamos muito, vocês não repetem isso minha família importante si minha família não estiver reunida se não estiver reunida não esta reunida minha família e incompleta porque se tirar uma pessoa dela de casa minha família fica completa. nos ti...os que Tirala de casa se não Tirala de casa minha família fica incompleta.

FONTE: Acervo pessoal da autora.

Observe que a proposta é uma narrativa de história familiar, mas o aluno acaba escrevendo uma descrição de sua família. Por quê? Perceba o desenho motivador do texto: o pai parece o boneco infantil Max Steel ligeiramente envelhecido, premiado com uma farta cabeleira e barba, que ornam seu corpanzil musculoso e viril. A mãe parece a Barbie estilizada para a classe média urbana branca brasileira, igualmente perfeita sob o ponto de vista estético e sensual, mas reservando sua docilidade e pureza no olhar. O menino... bom, não precisamos mais de descrições impressionísticas. Apenas mais uma: há um símbolo de amor e harmonia no ar, na figura dos coraçoezinhos que selam a situação mais do que ideal, mas historicamente irreal.

Logo de cara, o aluno já é distanciado do tema por uma imposição idealizadora. Se formos continuar brincando, seu pai deve ser careca e barrigudo e sua mãe chora pelos cantos porque está no "bico do corvo", com seus primeiros sinais de envelhecimento, provavelmente por conta dos trabalhos doméstico e profissional estafantes...

No desdobramento do gatilho social, o aluno acaba preenchendo o espaço do texto com contradições e expressões sem referência: "nos timos que tiralo de casa se não tiralo de case minha família fica incompreta". Pergunta central: Quem será o "lo"? O pai? O padrasto? O irmão?

Eis uma dica central para o trabalho do texto como discurso e produto social: o traço ideológico do texto do aluno não é só dele, ou de sua família, mas de um conjunto de famílias ou de um recorte da sociedade no geral. A característica central e mais recorrente disso é o abandono, seja por exclusão financeira, seja por drogas lícitas, seja por drogas ilícitas. Enfim, há efetivamente uma problemática que pode ser levantada em sala.

Em uma alternativa metodológica menos excludente, o professor poderia solicitar aos seus alunos que descrevessem sua família e desenhassem uma situação diária em que seus membros se reúnem e, posteriormente, poderia motivar uma discussão para que fosse selecionada uma história vivenciada por um deles.

Na correção do texto e posterior reescrita (provavelmente reestruturação), algum comentário de motivação discursiva pode aparecer à margem.

TEXTO 2.6 – COMENTÁRIO DE NATUREZA DISCURSIVA

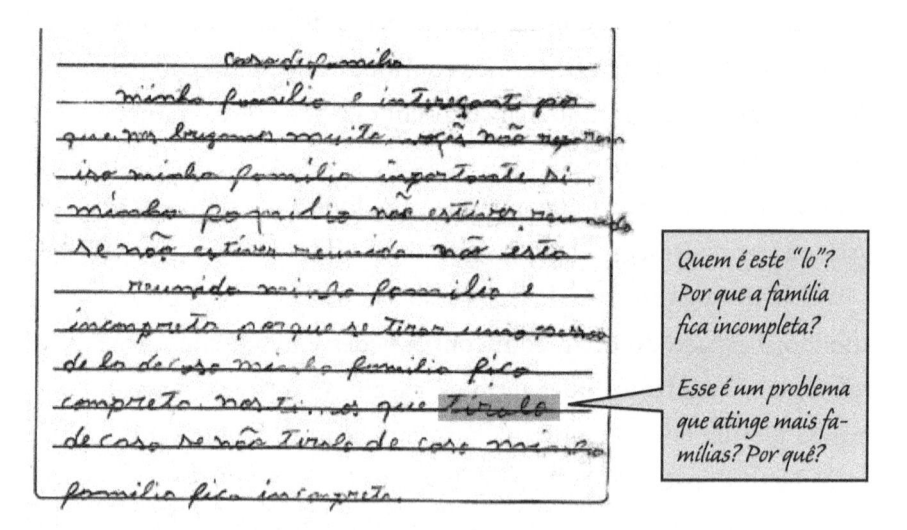

Quem é este "lo"? Por que a família fica incompleta?

Esse é um problema que atinge mais famílias? Por quê?

FONTE: Acervo pessoal da autora.

> ## Para refletir e discutir
>
> Nos textos de seus alunos, registram-se problemas sociais por eles vivenciados? Quais? Compare-os aos presentes nos textos dos alunos de seus colegas.
>
> Como fazê-los refletir sobre as forças maiores, de ordem do social? Que tipo de anotação nos textos seria mais provocativa?

Nessa subseção, voltada à conceituação de discurso e avaliação, o objetivo foi levantar dois critérios conceituais: o dialogismo e a condição social do texto. Vimos que esses pressupostos levam à noção de gênero, que é usado como instrumento de comunicação pelas sociedades. Na subseção seguinte, entraremos na estrutura sequencial textual dos gêneros, para dar sequência ao nosso enfoque avaliativo.

2.2.2 Sequências textuais

A principal ideia para um enfoque sociocognitivista de textos é que há um componente intermediário na produção de linguagem verbal, que atua entre o discurso e as unidades menores e estruturais da língua. Numa concepção ampla de linguagem, que vai do social ao formal, é como se as atividades sociais promovessem diferentes discursos, que se valem de diferentes instrumentos de comunicação social – os gêneros –, que, por sua vez, organizam-se em estruturas relativamente estáveis, na relação com modulações mentais das sequências textuais. Por fim, se as modulações mentais correspondem a estruturas ou planificações textuais, é como se a língua oferecesse seus mecanismos formais, gramaticais, para dar conta de todo o processo de criação linguística. Em um esquema ilustrativo, a concepção de texto que defendemos aqui tem **simplificadamente** o roteiro apresentado na Figura 2.3.

FIGURA 2.3 – PROPOSTA DE PERCURSO TEÓRICO PARA A ATIVIDADE DE AVALIAÇÃO

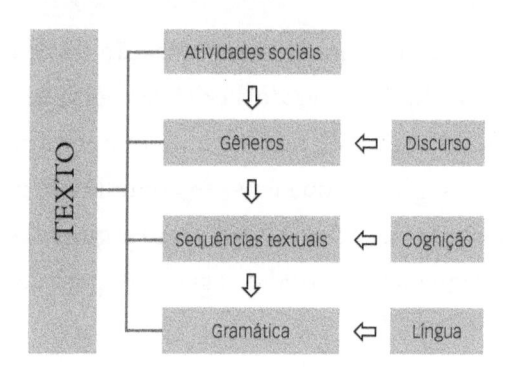

```
                 ┌── Atividades sociais
                 │          ⇩
          TEXTO ─┼──    Gêneros       ⇐  Discurso
                 │          ⇩
                 ├── Sequências textuais ⇐ Cognição
                 │          ⇩
                 └──    Gramática     ⇐  Língua
```

Há, portanto, uma escala de vetores que promovem a comunicação – o social (discurso), o cognitivo (sequências) e o linguístico (gramática) – e que têm componentes estruturais recorrentes no nível do texto, o que Bakhtin verbalizou como "composição" dos gêneros discursivos. Recuperando o seu mantra*:

---

* O termo *mantra bakhtiniano* foi empregado pela minha amiga e orientanda Josélia Ribeiro, a quem agradeço a oportunidade de citar. Achei pontual a metáfora, pois os textos de análise discursiva costumam insistentemente bater na mesma tecla quando ao comentar Bakhtin.

> *A utilização da língua efetua-se em forma de enunciados (orais e escritos), concretos e únicos, que emanam dos integrantes duma ou doutra esfera da atividade humana. O enunciado reflete as condições específicas e as finalidades de cada uma dessas esferas, não só por seu conteúdo (temático) e por seu estilo verbal, ou seja, pela seleção operada nos recursos da língua – recursos lexicais, fraseológicos e gramaticais –, mas também, e sobretudo, por sua construção composicional. Estes três elementos (conteúdo temático, estilo e construção composicional) fundem-se indissoluvelmente no todo do enunciado, e todos eles são marcados pela especificidade de uma esfera de comunicação. Qualquer enunciado considerado isoladamente é, claro, individual, mas cada esfera de utilização da língua elabora seus tipos relativamente estáveis de enunciados, sendo isso que denominamos de gêneros do discurso.* (Bakhtin, 1992, p. 279, grifo do origianal)

Logo, entre tema, composição e estilo, temos a forte hipótese de que a natureza dos gêneros tem algo de palpável, em combinações mais ou menos recorrentes – ou sequências – que os transformam em "entidades relativamente autônomas, dotadas de uma organização interna que lhe é própria" (Adam, 2008, p. 204). Em termos mais lúdicos (e talvez didáticos), se fôssemos agrupar todos os textos do mundo e se resolvêssemos categorizá-los por meio de uma leitura indutiva, chegaríamos a grupos grandes de textos que se organizam por sua estrutura composicional.

E, por fim, quais são as sequências? Na teoria de Adam (1999, 2001, 2008), são cinco: descrição, narração, argumentação, explicação e diálogo*. Vamos a elas.

Descrição

A finalidade de um texto orientado para a descrição é a apresentação de uma entidade, seja real, seja abstrata. Logo, descrevemos pessoas, lugares, acontecimentos, ideias ou conceitos. Na descrição, não há necessariamente encadeamento temporal – a descrição de um acontecimento o requer, mas não na forma da narrativa –, tampouco a defesa de uma ideia ou posicionamento ou a relação explicativa entre segmentos.

O raciocínio básico da descrição é: 1) apresentar o tema; 2) separar suas partes; 3) relacionar essas mesmas partes; e 4) retomar o conjunto. Essa sequência de etapas, na teorização de Adam, ganha o nome de *macroposições*, que são as unidades constitutivas das sequências. Podem estar formalizadas em (grupos de) parágrafos ou (grupos de) frases. Logo, tem-se a seguinte hierarquia: sequência – macroposição – frases.

Na descrição, as macroposições são: tematização, aspectualização, relação e retomada. A tematização introduz no texto a entidade ou o elemento a ser descrito; já a aspectualização

---

* Há outras tipologias. Dolz e Schneuwly (2004a, p. 60-61), por exemplo, reagrupam-nas em narrar (ficção), relatar (não ficção), argumentar, expor e descrever ações. Werlich (1975), citado por Fávero e Koch (1987), por outro lado, descreve as formas elementares de textualização como narrativas, descritivas, argumentativas, explicativas e injuntivas. No entanto, Adam (2008) distingue as sequências dos tipos textuais pelo fato de elas abarcarem o pressuposto cognitivista na categorização de estruturas textuais.

faz uma divisão de suas características, que na relação estão conectadas por algum critério. A retomada recupera o tema descrito.

FIGURA 2.4 – MACROPOSIÇÕES DA SEQUÊNCIA DESCRITIVA, SEGUNDO ADAM (1999, 2008)*

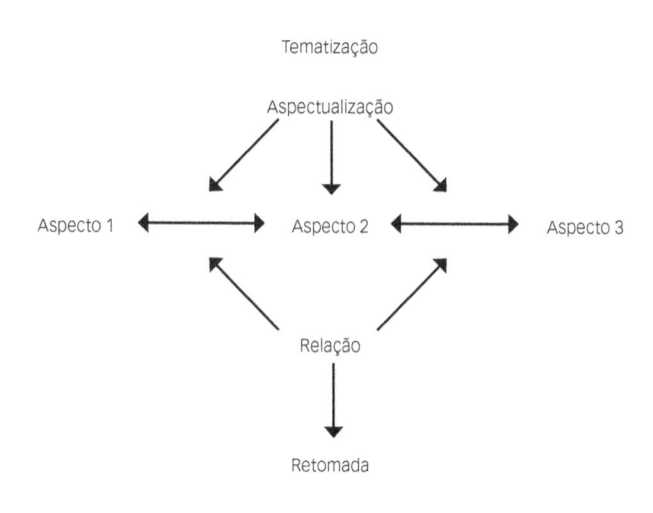

```
                    Tematização
                         │
                   Aspectualização
                    ↙    ↓    ↘
        Aspecto 1 ⟷ Aspecto 2 ⟷ Aspecto 3
                    ↘    ↑    ↙
                      Relação
                         ↓
                      Retomada
```

Vamos voltar aos textos dos alunos? No exposto a seguir, um aluno da antiga 5ª série (de 10 para 11 anos), recebeu a proposta de escolher um personagem mitológico, cujo estudo e discussão foram previamente motivados pelo professor, e o

---

* Optamos por simplificar os esquemas de apresentação das sequências de Adam (1999, 2001, 2008), por apego ao nosso objetivo: levantar subsídios para avaliação de textos de alunos, e não propriamente fomentar uma discussão teórica. Aos interessados sugerimos a resenha comentada de Bonini (2005).

principal: personificá-lo em primeira pessoa para uma autodescrição. Ficam minimamente mapeadas no texto as macroposições descritivas de Adam.

Texto 2.7: Descrição de personagem – aluno de 5ª série (6º ano)

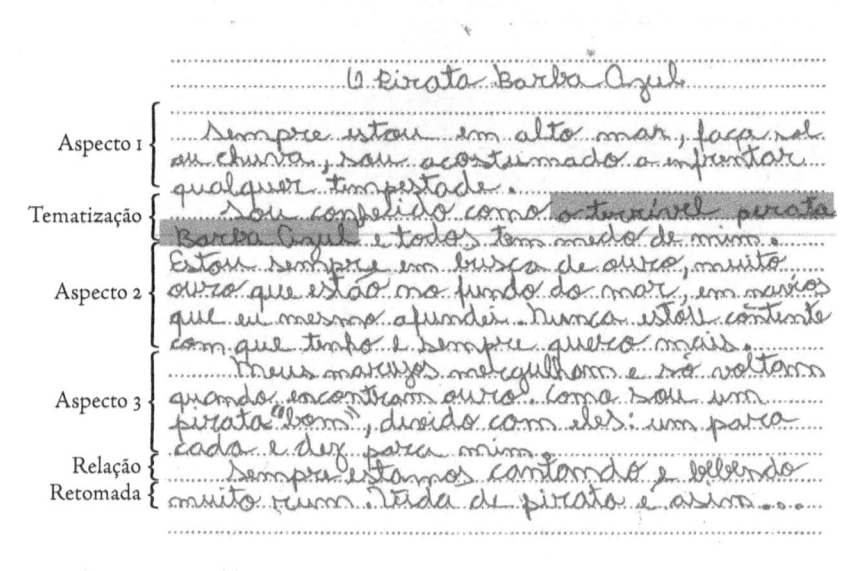

O Pirata Barba Azul

Aspecto 1: Sempre estou em alto mar, faça sol ou chuva, sou acostumado a enfrentar qualquer tempestade.

Tematização: Sou conhecido como o terrível pirata Barba Azul e todos têm medo de mim.

Aspecto 2: Estou sempre em busca de ouro, muito ouro que estão no fundo do mar, em navios que eu mesmo afundei. Nunca estou contente com que tenho e sempre quero mais.

Aspecto 3: Meus marujos mergulham e só voltam quando encontram ouro. Como sou um pirata "bom", divido com eles: um para cada e dez para mim.

Relação / Retomada: Sempre estamos cantando e bebendo muito rum. Vida de pirata é assim...

FONTE: Acervo pessoal da autora.

Uma observação importante, relativa à natureza da metodologia de ensino de língua: não pretendemos, com nossa apresentação das sequências textuais, propor que o professor sistematize suas aulas no intuito de ensinar as sequências, nomeando e definindo, para o trabalho com descrições, as categorias *tematização*, *aspectualização*, *relação* e *retomada*, pois as crianças (nesse caso, da antiga 5ª série) nem teriam abstração suficiente para entender os jargões linguístico-textuais. O que pretendemos é trabalhar orientação de produção textual, em seus desdobramentos de correção e avaliação.

Note que, mesmo sem ter aprendido sistematicamente a estrutura descritiva, o aluno produziu a sequência no formato de como é teorizada. Bingo! Mais uma evidência de que a estrutura é o elemento sociocognitivo do texto, construído historicamente e modulado cognitivamente. Aqui na descrição, a experiência de letramento da criança a pôs em contato com os gêneros orientados a essa estrutura: as apresentações de personagens, os manuais de funcionamento de aparelhos eletrônicos, os verbetes de dicionário etc. Com os raciocínios cognitivos* básicos da descrição – dividir e relacionar –, a composição ganha seu estatuto sociocognitivo.

Narração

A narração é a estrutura textual mais próxima da experiência de letramento dos alunos. Tradicionalmente, a narrativa entra no trato da oralidade, entre os gêneros de contação de histórias, causos, relatos de pescadores, mitos, folclore etc. Paralelamente, o mundo letrado traz à criança, até por conta de seu trânsito fácil pelo mundo do imaginário, dados os seus estágios de desenvolvimento, os gêneros que ela gosta de ler ou ouvir ler: historinhas, parlendas, continhos etc.

Somem-se a esses facilitadores dois grandes fatos: 1) a cultura oral, em que reinavam as histórias, dominou as sociedades clássicas e perdurou, como forma de comunicação entre as organizações

---

* Sobre operações cognitivas e relação com gramática da língua, ver Talmy (2000).

sociais, até fins da Idade Média; a escrita foi, no desdobramento de outros gêneros, na tradição ocidental, privilégio de poucos, como religiosos, governantes e filósofos (Fischer, 2006; Cavallo; Chartier, 1998; Jouve, 2002); 2) a narrativa esteve sempre associada a vetores ideológicos do tipo construção de identidade nacional e defesa de ideal de virtude; entre a sociedade clássica grega, por exemplo, o herói Ulisses e suas aventuras em *Odisseia* ganharam corpo narrativo porque vendiam o ideal de herói grego, cuja cultura estava em expansão até os primeiros anos do Cristianismo (Robins, 1983).

Por todos esses motivos, e por apego às justificativas sócio-históricas dos fenômenos sociais e educacionais por nós vivenciados, podemos sustentar a ideia de que os alunos têm mais "facilidade" com textos narrativos, o que é evidenciado pelos principais mecanismos de avaliação de sistema, no foco de leitura e produção de textos dos alunos da educação básica (Paraná, 2001). Ou seja, os alunos leem e escrevem melhor textos narrativos. A própria noção de letramento justifica esse fato.

A narrativa tem o objetivo de construir ficção por meio da operação de verossimilhança sobre os fatos observáveis do mundo real. Isto é, narrar significa construir uma história ficcional na base do que é verdade. Narrar é, portanto, criação e sustém efetivamente a orientação cultural literária. É a narrativa que estrutura minimamente os gêneros literários do tipo conto, romance, novela, fábula etc.

Na sequência narrativa, há cinco movimentos básicos ligados às macroposições de Adam: 1) apresentação de uma situação inicial, normalmente baseada no raciocínio da sequência descritiva; 2) encadeamento de ações, em que os eventos se sucedem no tempo; 3) uma complicação, em que forças de resistência bloqueiam ou impedem a ordem esperada de fatos; 4) uma solução, em que a complicação ganha resolução ou desenlace; 5) a moral final, que é o conteúdo opinativo do texto narrativo*. É a relação entre a complicação/solução, ou clímax, e seu conteúdo moralizante que diferencia a estrutura da narrativa de uma descrição informativa – ou "relato", nos termos de Dolz e Schneuwly (2004a) –, além de sua orientação ficcional. A Figura 2.5 apresenta as macroposições da sequência narrativa de acordo com Adam (2008).

Figura 2.5 – Macroposições da sequência narrativa, segundo Adam (2008)

| Situação inicial ⇨ | Ações ⇨ | Complicação ⇨ | Resolução ⇨ | Moral final |

FONTE: Adam, 2008, p. 228.

Vamos examinar a seguir o texto de um aluno da antiga 3ª série, de 8 para 9 anos, encaminhado à equipe de apoio pedagógico do Hospital de Clínicas (HC) da Universidade Federal do Paraná (UFPR), em Curitiba, em que trabalhavam profissionais das áreas de medicina, psicologia, linguística e educação. Por

---

* Por princípio retórico-argumentativo, todo texto é opinativo, pois carrega, mesmo que implicitamente, uma tomada de posição: "Longe de limitar-se aos gêneros oratórios dos antigos, ela [a retórica] vai anexando, como lhe cabe, todas as formas modernas do discurso persuasivo, a começar pela publicidade, e mesmo dos gêneros não persuasivos, como a poesia" (Reboul, 1998, p. 82).

algum motivo que não nos cabe levantar aqui, o aluno apresentava problemas de aprendizagem de alguma ordem. A proposta era provocar uma opinião, mas, na inércia de sua vivência de letramento, o aluno acabou fazendo uma narrativa. As macroposições dessa opção são facilmente inferíveis na superfície do texto.

Mais uma vez, podemos afirmar que o autor desse texto certamente não teve contato com teorização de sequências textuais, mas construiu seu texto contemplando-as diretamente, pois sua habilidade narrativa é sociocognitivamente construída. Sob o ponto de vista social, a narrativa entra mais facilmente em sua experiência de letramento, conforme comentado anteriormente. Por outro lado, sob o ponto de vista cognitivo, além da operação de descrição (em seus movimentos de aspectualização e relação), há o encadeamento de fatos no tempo e a ação modalizadora para o julgamento do certo e do errado – estas são operações do sistema cognitivo que apresentam desdobramentos linguísticos e, fundamentalmente, textuais.

Texto 2.8: Narrativa em lugar de opinião – aluno de 3ª série (4º ano)

— Nossa, veja o que aconteceu...
— Você acha certo caçar passarinhos com bodoque?
— Escreva um texto mostrando a sua opinião.

Situação inicial: Uma vez o menino cabeludo foi em um bosque, ele foi lá para matar um pobre passaro bem pequeno. Ele pegou

Ações: No outro dia ele foi tentar pegar um outro passaro, e o guarda viu ele.

Complicação: Ele acertou uma pedra bem no guarda.

Resolução: Ele tomou uma multa por isso.

Moral final: E depois nunca ele fez mais isso.

FONTE: Acervo pessoal da autora.

Para saber mais

Filmes

AMORES brutos. Direção: Alejandro González Iñárritu. México: Nuvision, 2000. 153 min.

BABEL. Direção: Alejandro González Iñárritu. EUA: Paramount, 2006. 143 min.

BIUTIFUL. Direção: Alejandro González Iñárritu. México: Paris Filmes, 2003. 147 min.

21 GRAMAS. Direção: Alejandro González Iñárritu. EUA: United International Pictures, 2003. 125 min.

Os filmes de Alejandro González Iñárritu são conhecidos por temas e cenas fortes. Além disso, a construção narrativa também é entrecortada.

Proposta: Assista a um desses filmes e reconstrua a narrativa.

MEMENTO. Direção: Cristopher Nolan. EUA: Newmarket Films, 2000. 113 min.

Trata-se de outro ótimo filme, cuja narrativa é completamente desconstruída. *Memento* conta a história de um ladrão que ataca um casal, terminando por matar a mulher e deixando o homem à beira da morte. Porém, este sobrevive e, a partir de então, passa a sofrer de uma doença que o impede de gravar na memória fatos recentes.

Proposta: Reconstrua a narrativa desse filme com base na sequência descrita aqui.

Argumentação

A sequência argumentativa medeia julgamentos, pontos de vista e opiniões que formam os embates ideológicos das nossas relações sociais. Vemos construções argumentativas nos bate-papos de boteco, quando, por exemplo, amigos querem provar um ao outro que seus respectivos times estão melhores no campeonato nacional. Há também embate argumentativo nas sessões jurídicas de julgamento. Toda a construção de raciocínio entre as falas dos advogados é baseada nos pressupostos da retórica argumentativa.

Eis a origem da argumentação: na retórica clássica, a necessidade do ato retórico era montar uma estrutura de pensamento nas escolhas linguísticas apropriadas para promover atos de defesa ou acusação. Além disso, sendo as sociedades grega e, posteriormente, romana ambientes em que o texto escrito era domínio de poucos, mas em que as regras de organização social e a comunicação informativa entre os cidadãos eram feitas oralmente, o fundamento de uma fala com o objetivo de persuasão e convencimento foi fortalecido logo naquela época (Aristóteles), inclusive nos desdobramentos estilísticos (Quintiliano).

Como reação filosófica ao pensamento sofista, em que a construção das verdades se faz no nível do discurso, os retóricos defendiam a realidade dos fatos. Porém, com o objetivo de defender ideias, os argumentos eram construções inferíveis desses fatos. Ou seja, o assassinato de uma mulher na casa dela é um fato, mas os argumentos vão depender da tomada de posição do "retor" (o advogado da época). Ele quer defender o marido; logo, sua tese é a de que ele é inocente. A opinião do povo é a de que ele é culpado (antítese). Que argumentos o retor pode construir com base nessa situação? Há várias informações inferíveis a partir de seu olhar sobre o fato: o marido sempre foi um homem bom, sem antecedentes de violência, a mulher nunca verbalizara reclamações, tampouco os filhos etc.

Percebe-se que a construção argumentativa vai moldando a realidade de acordo com a ideia a ser "vendida". Aristóteles defende, nesse sentido, a retórica como o ponto mediador entre a demonstração e o sofisma. No raciocínio científico, um caminho de prova é construído com base em proposições formais. A prova científico-lógica, nesse contexto, é uma demonstração. De outro lado, os sofistas não acreditavam nas verdades ditas pelas palavras, mas apenas na construção dessas verdades com base no poder ilimitado do discurso.

A retórica aristotélica, que dominou a reflexão ocidental sobre argumentação até hoje, medeia a relação do discurso com o mundo pela verossimilhança, pois os argumentos são ideias inferíveis da observação dos fatos. De acordo com Reboul (1998, p. 27),

> O domínio da retórica, das questões judiciárias e políticas não é o mesmo da verdade científica, mas do verossímil. A retórica não é, pois, a prova do pobre. É a arte de defender-se argumentando em situações nas quais a demonstração não é possível. É a arte de encontrar tudo o que um caso contém de persuasivo, sempre que não houver outro recurso que não o debate contraditório.

Logo, o embate retórico se define como "arte de persuadir", pois atua no nível da linguagem ordinária, em que os argumentos são construídos na base do verossímil: do fato às ideias que inferimos para defender nosso posicionamento. Essas inferências são nomeadas tradicionalmente como *argumentos*.

Além disso, o ato retórico é, por definição, contraditório. Ou seja, ao posicionar-se, um texto sempre está em relação de oposição a outro texto, na relação dialética da retórica entre tese e antítese. Como visto na Seção 2.1, esse pressuposto acompanha a filosofia da linguagem desde os retóricos clássicos até os dias de hoje, na voz do dialogismo bakhtiniano. Vale a pena reforçarmos o que frisamos anteriormente: **dialogismo** não é característica de um bom texto, mas **pressuposto da linguagem**, pois define efetivamente nossa ação comunicativa.

Dada essa contextualização histórica, as partes de uma estrutura argumentativa podem ser organizadas no seguinte sentido: 1) a antítese (ou a voz anterior), que marca a opinião contrária à do texto que se quer derrubar; 2) um fato, que marca o acontecimento do mundo real que motivou uma tomada de posição; 3) uma tese, ou a opinião propriamente dita, nomeada na literatura como *ponto de vista, julgamento, juízo de valor, tomada de posição* etc.; 4) os argumentos, ou as ideias inferíveis da observação do fato conduzidas pela tomada de posição*.

São basicamente esses os quatro elementos fundamentais da sequência argumentativa. Como são elementos sociocognitivos,

---

* Em Wachowicz (2010), a autora sistematiza as opções argumentativas de Olbrechts-Tyteca e Perelman (1996).

não são congelados em fórmulas linguísticas específicas, tampouco ocorrem necessariamente na ordem em que apresentamos. O discurso e suas opções formais nos oferecem muito mais do que isso, pois suas relações e combinações formam tantos formatos de textos potencialmente persuasivos quantas forem as possibilidades de se combinarem as macroposições.

A Figura 2.6 mostra a sequência argumentativa de acordo com Adam (1999, 2008).

FIGURA 2.6 – MACROPOSIÇÕES DA SEQUÊNCIA ARGUMENTATIVA, SEGUNDO ADAM (1999, 2008)

Antítese (voz ou opinião anterior, contraditória) ⇨	Fato ⇨	Argumentos ⇨	Tese (voz ou opinião do texto)

FONTE: Elaborado com base em Adam, 1999, 2008.

O Texto 2.9, a seguir, de um aluno da antiga 5ª série, de 10 para 11 anos, é uma opinião sobre o uso de apelidos na escola. A mesma proposta foi ilustrada no Texto 1.2, apresentado no Capítulo 1 deste livro. Observe o controle (pseudoconsciente) das macroposições argumentativas.

Texto 2.9 – Opinião sobre apelidos na escola – aluno de 5ª série (6º ano)

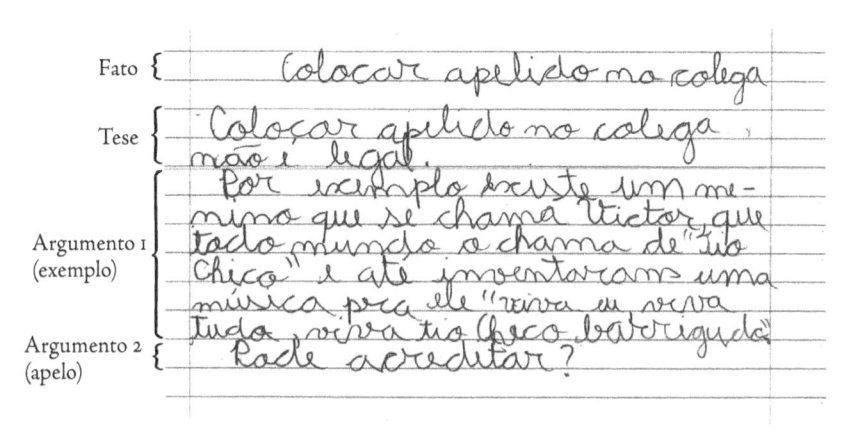

> Fato: Colocar apelido no colega
>
> Tese: Colocar apelido no colega não é legal.
>
> Argumento 1 (exemplo): Por exemplo existe um menino que se chama Victor, que todo mundo o chama de "tio Chico" e até inventaram uma música pra ele "viva eu viva tudo, viva tio Chico barriguda"
>
> Argumento 2 (apelo): Pode acreditar?

FONTE: Acervo pessoal da autora.

O uso das aspas no Texto 2.9 já é um bom indício de que o aluno sabe usar pontuação ou recurso de ortografia. Ele efetivamente marcou uma voz contrária à sua, que é a voz dos colegas que debocham dos outros imprimindo-lhes apelidos depreciativos. Outro recurso persuasivo interessante a levantar aqui é a pergunta que encerra o texto. No lugar de ser julgado como um desfecho "sem pé nem cabeça", a pergunta materializa um dos recursos figurativos mais sofisticados da retórica: a figura de presença. Por meio da pergunta direta ao ouvinte/leitor, o texto o põe de braços dados com a ideia a ser defendida. É como se o leitor fizesse parte da argumentação, junto à tese, com base em uma estrutura de pergunta, que é o enunciado direto.

Além das situações de oralidade apontadas anteriormente – bate-papos de boteco ou embate jurídico de julgamento –, a sequência argumentativa subjaz a vários gêneros de nosso mundo letrado: o artigo de opinião, o editorial, o comentário jornalístico (esportivo, político, econômico etc.), o artigo científico, a dissertação de mestrado, o sermão do padre ou pastor etc. São tantos os gêneros quantas forem as necessidades sociais de vivenciar embates argumentativos.

Nesse sentido, os gêneros são entidades reais, enquanto as sequências são abstrações sociocognitivas.

Explicação

A explicação é a sequência textual menos palpável nas nossas experiências de letramento, pois não há uma relação tão próxima entre sequência e gênero. Se a narrativa sustenta construções textuais – oral e escrita – bastante marcadas na nossa sociedade, tais como os gêneros da historinha, do conto, da fábula etc., e se a argumentação, igualmente, aparece nos gêneros de trânsito pesado na imprensa escrita, como comentários e editoriais, a explicação não exibe essa correspondência tão frutífera. O gênero que mais se aproxima da concretização social da explicação é o de divulgação científica.

Aqui, há um fato e uma justificativa. E só. O raciocínio cognitivo de base da explicação é a causa, que pressupõe uma ligação explicativa entre dois ou mais fenômenos*. Por esse motivo, a sequência explicativa é muito mais constituidora de outras sequências e/ou gêneros do que uma forma autônoma de construir

---

* Sobre a relação cognitiva de causa e implicações gramaticais, ver Talmy (2000), Capítulos 7 e 8.

gêneros, como acontece com a narrativa e com a argumentação. Assim, a sequência explicativa pode aparecer na forma de um argumento de causa em um texto argumentativo do tipo artigo científico, por exemplo, ou a explicação pode aparecer pinceladamente nas ações encadeadas da macroposição da narrativa.

Simplificadamente, a sequência explicativa mantém-se pelas seguintes etapas, ou macroposições: 1) um fato a ser observado; 2) uma pergunta problematizadora sobre esse fato, no formato genérico de um "por quê?"; 3) uma resposta explicativa a essa pergunta, no formato genérico de um "porque". Essa sequência é apresentada na Figura 2.7.

FIGURA 2.7 – MACROPOSIÇÕES DA SEQUÊNCIA EXPLICATIVA, SEGUNDO ADAM (1999, 2008)

Fato a ser analisado ⇨	Pergunta: Por quê? ⇨	Resposta: Porque...

FONTE: Elaborado com base em Adam, 1999, 2008.

Numa sala do programa de educação de jovens e adultos (EJA) do Paraná, em 2005, foi proposta uma atividade de análise da faixa etária da turma. A provocação da professora visava à construção da sequência explicativa, pois havia um fato quantificado, uma pergunta do tipo "por quê?" provocadora de uma tentativa de justificativa para a situação etária da turma. O Texto 2.10 apresenta o mapa da explicação.

Texto 2.10 – Análise explicativa de faixa etária – turma de EJA-PR

Fato a ser analisado. Pergunta implícita: "Por quê?"

Resposta/justificativa: "Porque"

> A importância dos estudos
> Nesta sala predomina a faixa etária de 21 a 30 anos porque quando eram adolescentes, as pessoas pensavam em só divertir e não tinham conhecimento da importância dos estudos, ou até mesmo para trabalhar e ajudar a família.
> Naquele tempo os pais não davam tanta importância aos estudos, pois não existiam leis que os obrigassem a estudar, ou até mesmo por dificuldade de acesso a escola na área rural.
> Com o passar do tempo a tecnologia foi aumentando e as dificuldades também e com isso tomaram consciência da falta que os estudos fazem. Dessa forma as pessoas voltaram as salas de aula para obter mais conhecimento e poder melhorar suas vidas, no dia dia, e no trabalho por que hoje tudo exige estudos.

> J. L. – 20 anos
> J. A. L. – 23 anos
> M – 28 anos
> C. L. – 32 anos
> L. B. P. – 33 anos

FONTE: Acervo pessoal da autora.

Observe que a provocação explicativa domina o começo e o fim do texto, mas seus parágrafos do meio (2º e 3º) inclinam-se à redação dissertativa, que objetiva o levantamento descritivo de problemas de um estado de coisas. Há, portanto, uma situação dialógica aqui: de um lado, a proposta do texto explicativo; de outro, a força de uma tradição escolar que treinou engessadamente um texto de opinião genérico, do tipo dissertação, que não refere nem comenta sobre fatos, mas sobre generalidades, o que se verifica na superfície em expressões de semântica genérica do tipo plurais, coletivos, formas verbais durativas e habituais etc.

Diálogo

Sob o ponto de vista do ensino de língua, o diálogo figura-se como a mais anacrônica das sequências, pois é do registro oral. No trato com leitura e escrita, o professor encontra facilmente material de sequências diversas e seus gêneros variados. Por outro lado, na proposta de trabalho com a oralidade, firma-se o propósito de incentivar os alunos a controlar seu comportamento oral, seja argumentativo, seja narrativo, seja descritivo, seja explicativo, na forma de um depoimento, de uma apresentação oral, de um debate regrado etc. Mas a sequência dialogal é da situação conversacional e obviamente ganha fundamento na apresentação dos comportamentos comunicacionais humanos, tal como a orientação da teoria sociocognitivista prevê.

Quanto à estrutura, o diálogo funciona basicamente com a ideia de turnos semânticos conversacionais. De primeiro contato, o diálogo inicia-se e finaliza-se com situações de ajuste fático, do tipo cumprimentos ("olá"; "bom-dia"; "então"; "até mais"), expressões de polidez ("Posso lhe fazer uma pergunta?"; "Você se importa em me dizer sobre…"), de explicitação de contato ("Pode me responder por *e-mail* mesmo"; "*Tá* me ouvindo?") e de delimitação ideológica da gíria ou do jargão ("Aí, *veio!*"; "Tudo bem, professor").

Entre as situações de controle fático, o que modula uma conversação é minimamente a sequência de temas discutidos, contados ou abordados, ou o que a literatura nomeia como *turnos de fala, turnos semânticos, transações conversacionais*, sustentados, novamente, pelo primitivo (inclusive cognitivo) da oposição – um fala na resposta desviante do outro. Goffman (1985), citado por Adam (2008, p. 247), corrobora o que foi exposto:

> As enunciações não se encontram localizadas nos parágrafos, mas em turnos de fala que são outras natas ocasiões temporárias de ocupar alternativamente a cena. Essa é a concepção interacionista, que supõe que toda enunciação que estabelece as palavras do locutor seguinte como sendo uma réplica ou uma réplica ao que o locutor precedente acaba de estabelecer ou, ainda, uma mescla das duas. As enunciações não se sustentam sozinhas e não têm frequentemente nenhum sentido entendidas assim; elas são construídas e calculadas para sustentar a estreita colaboração social que implica a tomada do turno de fala. Na natureza, a palavra pronunciada somente se encontra no intercâmbio verbal, ela é feita totalmente para esse habitat coletivo.

Voltando à sua pertinência escolar, a sequência dialogal recebe, de fato, uma saída no treino do registro escrito de situações orais, que é levar o aluno a controlar as opções de formalização do diálogo, da história em quadrinhos, do texto dramático, do diálogo cinematográfico ou do romance etc. Não é pouca coisa: a opção entre o uso das aspas e o uso de travessões para marcar a fala de personagens implica opções formais que provocam igualmente efeito de sentido, ou seja, significados ideológicos que não estão escritos, mas que o leitor infere pelas operações de interpretação.

No exemplo a seguir, a proposta era que os alunos de uma turma de EJA-PR formalizassem um diálogo na escrita com base na seguinte situação: uma loja de carros passava o horário comercial inteiro com som em alto volume para atrair a atenção de compradores. Os vizinhos não estavam gostando nada disso, pois acordavam nos sábados pela manhã ao som de alguns pagodes festivos ou musiquinhas infantis supostamente animadoras. O Texto 2.11 foi escrito por um dos alunos.

Texto 2.11 – Diálogo entre vendedor e vizinho – aluno de EJA-PR

Turno 1: pedido	— Seu moço você poderia baixar o volume do som da sua loja? — Não eu não vou baixar o som porque eu estou usando o som para chamar meus clientes.
Turno 2: ameaça	— Então vamos resolver la fora seu filho da puta!!!
Turno 3: acordo	— Não calma ai, vamos resolver de outra jeito mais carinhoso. — Tá certo, e então se você baixar o volume do som eu vou embora e ficamos certos. — Tah bom, eu baixo o som.
Desfecho	— Muito obrigado — De nada.

FONTE: Acervo pessoal da autora.

É interessante observar aqui que há uma imbricada composição de outras sequências constituindo a sequência dialogal. O embate argumentativo se mantém por duas tomadas de posição diferentes: o vendedor quer manter a música, e o vizinho quer convencê-lo a abaixar o volume. Além disso, o argumento do vendedor é explicativo ("Não eu não vou baixar o som, porque eu estou usando o som para chamar meus clientes"). Guardadas as adequações formais e estilísticas, o aluno registra o formato dialogal. Quanto mais escola e mais letramento, mais opções ele terá para registrar falas diferentes.

Resgatando as sequências textuais de Adam (1999, 2001, 2008), acreditamos apresentar uma alternativa relevante para a avaliação dos textos dos alunos. Em poucas palavras, **avaliar não significa apenas** ver se o aluno responde ao propósito do texto, numa perspectiva contextual-discursiva, tampouco verificar se ele tem domínio de unidades gramaticais convencionais, do tipo crase, ortografia e que tais. Há uma saída mais interessante: **avaliar significa também** verificar se, além disso, ele estrutura o texto conforme o propósito. Por exemplo: O aluno explorou aspectos diferentes do objeto do texto descritivo? O aluno desenvolveu um clímax na sua história? Há argumentos diferentes no seu texto opinativo? Houve a articulação de uma resposta na sua análise explicativa? Há domínio de diferentes assuntos no diálogo desenvolvido?

Ou seja, o professor tem olhar clínico para depositar na estrutura do texto. Mas há também algumas ressalvas que precisam ficar claras para o trabalho metodológico do professor de língua. Vamos elencá-las para torná-las ainda mais relevantes:

- **As sequências textuais não são estruturas fixas.** São elementos sociocognitivos e, portanto, não ganham equivalente formal congelado. Logo, tanto em textos-padrão quanto em textos de alunos a ideia é ler as sequências no seu nível cognitivo mesmo. Elas são inferíveis, e não necessariamente formatadas num esquema prescritivo preestabelecido. Os exemplos de textos de alunos expostos anteriormente são evidências dessa plasticidade.
- **As sequências não são adquiridas artificialmente.** A criança não precisa entrar na escola para aprender a fazer textos estruturados de forma diferente. Em sua experiência social oral e de letramento, ela convive com estruturas de descrição, de narração, de argumentação, de explicação e de diálogo, o que viabiliza textos espontâneos de diferentes gêneros logo nas primeiras séries (anos) ou mesmo em casos patológicos. Mais uma evidência de que os gêneros e suas sequências são realmente produto da história e de suas dinâmicas sociais.
- **Os gêneros estão para as sequências assim como as entidades reais estão para sua representação abstrata.** O gênero é um instrumento social de comunicação, enquanto as sequências são representações categorizadas deles – aqui, de natureza cognitiva. Gênero é real, sequência é abstrata.

O Quadro 2.1 mostra uma proposta de agrupamento de gêneros e esclarece melhor o que foi apresentado.

Quadro 2.1 – Proposta de agrupamento de gêneros

Domínios sociais de comunicação Aspectos tipológicos Capacidades de linguagem dominantes	Exemplos de gêneros orais e escritos
Cultura literária ficcional Narrar **Mimeses da ação por meio da criação da intriga do domínio do verossímil**	Conto maravilhoso, conto de fadas, fábula, lenda, narrativa de aventura, narrativa de ficção científica, narrativa de enigma, narrativa mítica, *sketch* ou história engraçada, biografia romanceada, romance, romance histórico, novela fantástica, conto, crônica literária, adivinha, piada.
Documentação e memorização das ações humanas Relatar **Representação pelo discurso de experiências vividas, situadas no tempo**	Relato de experiência vivida, relato de viagem, diário íntimo, testemunho, anedota ou caso, autobiografia, *curriculum vitae*, notícia, reportagem, crônica social, crônica esportiva, histórico, relato histórico, ensaio ou perfil biográfico, biografia.
Discussão de problemas sociais controversos Argumentar **Sustentação, refutação e negociação de tomadas de posição**	Textos de opinião, diálogo argumentativo, carta de leitor, carta de reclamação, carta de solicitação, deliberação informal, debate regrado, assembleia, discurso de defesa (advocacia), discurso de acusação (advocacia), resenha crítica, artigos de opinião ou assinados, editorial, ensaio.

(continua)

(Quadro 2.1 – conclusão)

Domínios sociais de comunicação Aspectos tipológicos Capacidades de linguagem dominantes	Exemplos de gêneros orais e escritos
Transmissão e construção de saberes Expor **Apresentação textual de diferentes formas dos saberes**	Texto expositivo (em livro didático), exposição oral, seminário, conferência, comunicação oral, palestra, entrevista de especialista, verbete, artigo enciclopédico, texto explicativo, tomada de notas, resumo de textos expositivos e explicativos, resenha, relatório científico, relatório oral de experiência.
Instruções e prescrições Descrever ações **Regulação mútua de comportamentos**	Instruções de montagem, receita, regulamento, regras de jogo, instruções de uso, comandos diversos, textos prescritivos.

FONTE: Elaborado com base em Dolz; Schneuwly, 2004a, p. 60-61.

As sequências também exibem evidências linguísticas – a realidade de análise primeira de todo cientista da língua – e o polo formal da nossa proposta de trato avaliativo dos textos. Na próxima seção, vamos ao aspecto gramatical dos textos.

2.2.3 Estrutura gramatical nos gêneros

O trabalho gramatical ganhou nos últimos 30 anos de linguística brasileira um redirecionamento de objetivos: do normativo ao descritivo-funcional. A história do ensino de Língua Portuguesa no Brasil evidencia a tendência pós-colonialista de concebermos a língua como um conjunto de ditames prescritivos de como falar e escrever corretamente, o que teria se originado em atos institucionais, como o decreto de 1757, do Marquês de Pombal, que instituiu a língua oficial de nosso país, ainda colônia (Bagno, 2003, p. 77).

Historicamente, a ideia do português como língua a ser aprendida (e, preferencialmente, não entendida) espalha-se na nossa tradição escolar e na concepção lugar-comum de língua e sua simbologia*. Isso fica caricaturizado em alguns manuais de gramáticas tradicionais e/ou escolares de que dispomos hoje no mercado e que, por contradição, são tidos moralmente como a garantia da boa língua:

> *O professor deve ser guia seguro, muito senhor da língua; se outra não for a orientação de ensino, vamos cair na "língua brasileira", refúgio nefasto e confissão nojenta de ignorância do idioma pátrio, recurso vergonhoso de homens de cultura falsa e de falso patriotismo. Conhecer a língua portuguesa não é um privilégio de gramáticos, senão dever do brasileiro que preza sua nacionalidade. É erro de consequências imprevisíveis acreditar que só os escritores profissionais têm a obrigação de saber escrever. Saber escrever a própria língua faz parte dos deveres cívicos. A língua é a mais viva expressão da nacionalidade. Como havemos de querer que respeitem a nossa nacionalidade se somos os primeiros a descuidar daquilo que a exprime e representa, o idioma pátrio? (Almeida, 1979, p. 7)*

---

* Sobre a história do pensamento gramatical, ver Robins (1983).

Ora, a conversa hoje é outra. A gramática resgatou sua natureza científica no fortalecimento acadêmico dos cursos de graduação e pós-graduação em Letras ou Linguística, seja na modalidade de licenciatura, seja na de bacharelado. Há amplas áreas de pesquisa em sintaxe, morfologia, fonética/fonologia e semântica, além de outras áreas que dialogam diretamente com elas: aquisição de linguagem, sociolinguística, neurolinguística e psicolinguística etc.

Com relação ao ensino, a pesquisa linguística tem defendido outra(s) concepção(ões) de gramática que seja(m) minimamente interessante(s), para que a disciplina de Língua Portuguesa promova a reflexão sobre as estruturas da língua. Nas palavras de Perini (1995, p. 31-32), que entende desse assunto:

> *Como é que o estudo gramatical poderia ajudar na formação das habilidades sociais e intelectuais do indivíduo? Como se poderia dar a uma aula de gramática o caráter de um momento de pesquisa?*
>
> *Nossa disciplina desfruta de uma situação favorável, se a compararmos com outras disciplinas científicas. Primeiro, os fenômenos estudados são relativamente fáceis de observar: não dependemos de laboratórios (como os químicos), nem de penosas viagens ao campo (como os geólogos) para apresentar aos alunos os dados de primeira mão. Esses dados, basta elucidá-los dentro da sala de aula, pois estão programados no cérebro de cada falante da língua (não quero dizer que não existam sérios problemas metodológicos na obtenção de dados para a análise*

gramatical; mas é possível evitá-los em um estágio inicial do estudo). Em segundo lugar, existem teorias razoavelmente desenvolvidas de gramática, capazes de sugerir profundidade variada: algumas, pelo menos, ao alcance da argumentação de um aluno de primeiro grau.

Se acrescentarmos que a linguagem, em todos os seus aspectos, permeia a vida social a todo o momento, sendo um fenômeno altamente importante na vida das pessoas, veremos com clareza que a gramática oferece um campo privilegiado para o exercício das atividades de pesquisa. O estudo de gramática pode ser um instrumento para exercitar o raciocínio e a observação; pode dar a oportunidade de formular e testar hipóteses; e pode levar à descoberta de fatias dessa admirável e complexa estrutura que é uma língua natural.

A formulação e testagem de hipóteses, segundo Perini (1995), por si sós já caracterizariam e justificariam o pensamento gramatical científico. Porém, o que nos interessa aqui é a gramática que articula e dá sentido ao texto, um dos recortes do comportamento da "língua natural".

Nesse sentido, a pesquisa linguística igualmente vem propondo há décadas o reposicionamento da gramática: a análise linguística. De acordo com o Geraldi (1991), o professor que teve contato com os manuais de orientação curricular desde a década de 1980 deve se lembrar do momento em que surgiu no horizonte da metodologia de ensino de língua a tríade **leitura, produção e análise linguística**.

A análise linguística passou a ser a orientação do estudo das unidades gramaticais em sua funcionalidade dentro dos textos, na perspectiva discursiva. Ou seja, ninguém varreu a gramática para debaixo do tapete. A academia apenas acrescentou componentes ao ensino de língua: além da norma-padrão de textos de gêneros variados – sobretudo escritos –, objetivo do convencionalismo de uso da língua, a proposta mostrou que há estruturas linguísticas que são escolhas para alguns objetivos em detrimento de outros. Por exemplo: a noção de adjetivo, mais do que figurar na listagem de classes de palavras, pode ganhar uma reflexão de acordo com o gênero. Os adjetivos avaliativos (*interessante, produtivo, legal, bom, ruim, desastroso* etc.) correspondem a trechos de tomada de posição em uma sequência argumentativa, enquanto os adjetivos neutros (*frio, azul, poroso, extenso* etc.) correspondem a trechos de apresentação de um fato ou mesmo a trechos de sequência descritiva. Essa distinção vale para substantivos, advérbios e verbos (há pesos avaliativos ou neutros em qualquer item de carga lexical).

Entretanto, sistematicamente, o que faz a análise linguística – fim último do estudo gramatical nos textos? Bastante coisa. Os manuais de orientação curricular sinalizam para esse trabalho, no empréstimo das orientações acadêmicas:

> *O uso da expressão 'análise linguística' não se deve ao mero gosto por novas terminologias. A análise linguística inclui tanto o trabalho sobre questões tradicionais da gramática quanto questões amplas a propósito do texto, entre as quais vale a pena citar: coesão e coerência internas do texto; adequação do texto aos objetivos pretendidos; análise dos recursos expressivos utilizados [...]; organização e inclusão de informações, etc. (Geraldi, 2004, p. 74, citado por Paraná, 2008, p. 60)*

Em alguns momentos, os tópicos de análise linguística e trabalho com a língua ganham relação com as unidades constituidoras dos gêneros textuais.

Quadro 2.2 – Organização curricular e procedimentos metodológicos de abordagem dos conteúdos

EIXOS ORGANIZADORES DAS ATIVIDADES DE LÍNGUA PORTUGUESA NO ENSINO MÉDIO – ANÁLISE DOS FATORES DE VARIABILIDADE DAS (E NAS) PRÁTICAS DE LÍNGUA(GEM)
FOCO DAS ATIVIDADES DE ANÁLISE
Elementos pragmáticos envolvidos nas situações de interação em que emergem os gêneros em estudo e sua materialidade – os textos em análise • Papéis sociais e comunicativos dos interlocutores, relações entre esses, propósito discursivo, função sociocomunicativa do gênero, aspectos da dimensão espaço-temporal em que se produz o texto.

(continua)

da metodologia de ensino de língua a tríade **leitura, produção e análise linguística**.

A análise linguística passou a ser a orientação do estudo das unidades gramaticais em sua funcionalidade dentro dos textos, na perspectiva discursiva. Ou seja, ninguém varreu a gramática para debaixo do tapete. A academia apenas acrescentou componentes ao ensino de língua: além da norma-padrão de textos de gêneros variados – sobretudo escritos –, objetivo do convencionalismo de uso da língua, a proposta mostrou que há estruturas linguísticas que são escolhas para alguns objetivos em detrimento de outros. Por exemplo: a noção de adjetivo, mais do que figurar na listagem de classes de palavras, pode ganhar uma reflexão de acordo com o gênero. Os adjetivos avaliativos (*interessante, produtivo, legal, bom, ruim, desastroso* etc.) correspondem a trechos de tomada de posição em uma sequência argumentativa, enquanto os adjetivos neutros (*frio, azul, poroso, extenso* etc.) correspondem a trechos de apresentação de um fato ou mesmo a trechos de sequência descritiva. Essa distinção vale para substantivos, advérbios e verbos (há pesos avaliativos ou neutros em qualquer item de carga lexical).

Entretanto, sistematicamente, o que faz a análise linguística – fim último do estudo gramatical nos textos? Bastante coisa. Os manuais de orientação curricular sinalizam para esse trabalho, no empréstimo das orientações acadêmicas:

O uso da expressão 'análise linguística' não se deve ao mero gosto por novas terminologias. A análise linguística inclui tanto o trabalho sobre questões tradicionais da gramática quanto questões amplas a propósito do texto, entre as quais vale a pena citar: coesão e coerência internas do texto; adequação do texto aos objetivos pretendidos; análise dos recursos expressivos utilizados [...]; organização e inclusão de informações, etc. (Geraldi, 2004, p. 74, citado por Paraná, 2008, p. 60)

Em alguns momentos, os tópicos de análise linguística e trabalho com a língua ganham relação com as unidades constituidoras dos gêneros textuais.

QUADRO 2.2 – ORGANIZAÇÃO CURRICULAR E PROCEDIMENTOS METODOLÓGICOS DE ABORDAGEM DOS CONTEÚDOS

EIXOS ORGANIZADORES DAS ATIVIDADES DE LÍNGUA PORTUGUESA NO ENSINO MÉDIO – ANÁLISE DOS FATORES DE VARIABILIDADE DAS (E NAS) PRÁTICAS DE LÍNGUA(GEM)
FOCO DAS ATIVIDADES DE ANÁLISE
Elementos pragmáticos envolvidos nas situações de interação em que emergem os gêneros em estudo e sua materialidade – os textos em análise • Papéis sociais e comunicativos dos interlocutores, relações entre esses, propósito discursivo, função sociocomunicativa do gênero, aspectos da dimensão espaço-temporal em que se produz o texto.

(continua)

(Quadro 2.2 – conclusão)

EIXOS ORGANIZADORES DAS ATIVIDADES DE LÍNGUA PORTUGUESA NO ENSINO MÉDIO – ANÁLISE DOS FATORES DE VARIABILIDADE DAS (E NAS) PRÁTICAS DE LÍNGUA(GEM)

FOCO DAS ATIVIDADES DE ANÁLISE

Estratégias textualizadoras:

- uso de recursos linguísticos em relação ao contexto em que o texto é construído (elementos de referência pessoal, temporal, espacial, registro linguístico, grau de formalidade, seleção lexical, tempos e modos verbais);
- uso de recursos linguísticos em processos de coesão textual (elementos de articulação entre segmentos do texto, referentes à organização – temporal e/ou espacial – das sequências do texto ou à construção da argumentação);
- modos de organização da composição textual – sequências textuais (tipos textuais narrativo, descritivo, argumentativo, injuntivo, dialogal);
- organização da macroestrutura semântica (dimensão conceitual), articulação entre as ideias/proposições (relações lógico-semânticas);
- organização e progressão temática.

Mecanismos enunciativos

- Formas de agenciamento de diferentes pontos de vista na textualização (identificação dos elementos que sinalizam as vozes e o posicionamento dos enunciadores trazidos à cena no texto), uso dos elementos de modalização (identificação dos segmentos que funcionam como indicações acerca do modo como o enunciador se posiciona em relação ao que é dito, a seu interlocutor ou a si mesmo).

FONTE: Brasil, 2006, p. 38, grifo nosso.

Os trechos sublinhados no trecho das OCN para o ensino médio, de 2007, têm o "cheiro" de gramática, no que conhecemos tradicionalmente pelos módulos de morfologia, sintaxe, semântica e até estilística.

Para refletir e discutir

Qual é o papel da gramática em suas opções metodológicas e avaliativas?

Você conhece alguma gramática que não seja de linha normativa? Qual?

Aí vão algumas opções:

CASTILHO, A. T. de. **Nova gramática do português brasileiro.** São Paulo: Contexto, 2010.

NEVES, M. H. de M. **Gramática de usos do português.** São Paulo: Ed. da Unesp, 2000.

PERINI, M. A. **Gramática do português brasileiro.** São Paulo: Parábola, 2010.

Para sistematizar aqui a concepção de gramática e análise linguística no trabalho de avaliação dos textos de nossos alunos, vamos propor um exercício de mão dupla:

- primeiramente, vamos **generalizar** até onde for mais interessante, para visualizarmos a amplitude de elementos gramaticais passíveis de aparecer nos textos;

+ depois, vamos empregar a **terminologia** dos módulos tradicionais do pensamento gramatical (não só de linha normativa): morfologia/léxico, sintaxe e semântica*. A área de estilística, traduzida hoje para mecanismos enunciativos e/ou expressivos, será explorada na Seção 2.3.

Nesse sentido, para entrar mais direta e visceralmente na gramática, vamos propor o caminho cuja terminologia fez a tradição desses estudos: das áreas de recorte gramatical – em suas evidentes intersecções – para seus possíveis usos nas estruturas textuais, que são potencialmente muitos e variados. Com isso, o objetivo é tornar os recursos gramaticais mais textualmente palpáveis.

---

* Essa opção obviamente tem caráter redutor, dada a ampla e frutífera área de análise gramatical que a(s) língua(s) nos oferece(m). Sobre o português brasileiro (PB), remetemos os leitores a trabalhos sérios, de peso, sobre a descrição gramatical de nossa língua: Castilho (2010), Perini (2010), Neves (2000), além, claro, dos volumes das fases I (8 volumes) e II (4 volumes) da *Gramática do português falado*, organizados pelos principais nomes da linguística brasileira. Ou seja, já dispomos de um bom material de gramática do PB que possa substituir a formação gramatical, sobretudo dos professores de língua.

Quadro 2.3 – Fenômenos gramaticais implicados na construção dos sentidos do texto

Módulos da gramática	Usos de...
Morfologia/ Léxico	<ul><li>itens lexicais (substantivo, adjetivo, verbo, advérbio, algumas preposições e conjunções) avaliativos ou neutros;</li><li>mecanismos derivacionais e flexionais;</li><li>usos nominais (concreto/abstrato, genérico/específico, massivo/contável etc.);</li><li>usos verbais (auxiliares, modais, aspectuais, verbos leves, perífrases etc.)</li></ul>
⇧ Morfossintaxe ⇩	
Sintaxe	<ul><li>relações de concordância;</li><li>relações de regência;</li><li>ligação/referenciação;</li><li>estrutura de sentença e período (elipses, encaixamento, topicalização etc.).</li></ul>
⇧ Sintaxe-semântica ⇩	
Semântica	<ul><li>anáforas lexicais (diretas, indiretas, associativas);</li><li>conexão entre sentenças, frases, parágrafos, blocos do texto;</li><li>modificação adjetival e adverbial;</li><li>pressuposições e implicaturas...</li></ul>
...e todo fenômeno gramatical em suas implicações na construção dos sentidos do texto	

Nada melhor do que exemplos neste ponto. Os textos ilustrados na Seção 2.2.2, sobre as sequências textuais, se encaixam perfeitamente aqui, pois verificaremos as unidades gramaticais e seu posicionamento na sequência estrutural do texto. A ideia é desenvolver verdadeiros mapas do texto, em suas opções estruturais e gramaticais. O retrato topológico do texto provoca o que a psicologia chama de *visão gestáltica* do objeto, ou seja, uma visão ampla das relações possíveis.

Texto 2.7 – Descrição de personagem – aluno de 5ª série (6º ano)

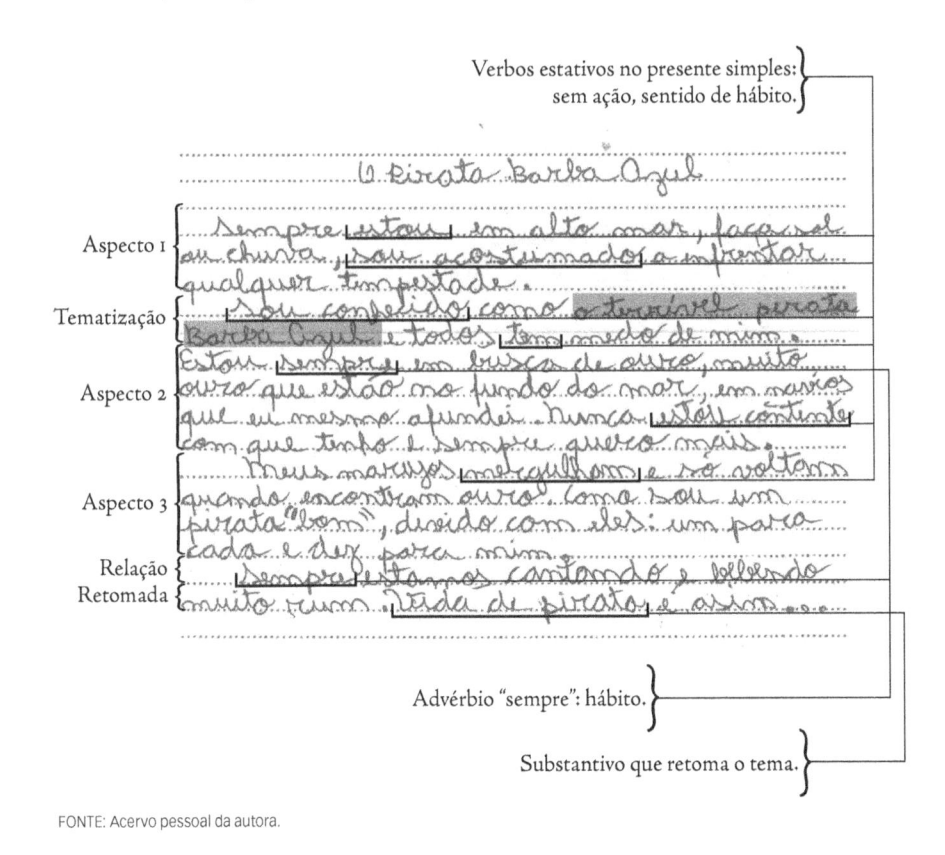

O Pirata Barba Azul

Sempre estou em alto mar, faça sol ou chuva, sou acostumado a enfrentar qualquer tempestade. Sou conhecido como o terrível pirata Barba Azul e todos têm medo de mim. Estou sempre em busca de ouro, muito ouro que está no fundo do mar, em navios que eu mesmo afundei. Nunca estou contente com que tenho e sempre quero mais. Meus marujos mergulham e só voltam quando encontram ouro. Como sou um pirata "bom", divido com eles: um para cada e dez para mim. Sempre estamos cantando e bebendo muito rum. Vida de pirata, é assim...

- Verbos estativos no presente simples: sem ação, sentido de hábito.
- Aspecto 1
- Tematização
- Aspecto 2
- Aspecto 3
- Relação
- Retomada
- Advérbio "sempre": hábito.
- Substantivo que retoma o tema.

FONTE: Acervo pessoal da autora.

Texto 2.8 – Narrativa em lugar de opinião – aluno de 3ª série (4º ano)

– Nossa, veja o que aconteceu...
– Você acha certo caçar passarinhos com bodoque?
– Escreva um texto mostrando a sua opinião.

Situação inicial: Uma vez o menino cabeludo foi em uma bosque, ele foi lá para matar um pobre passaro bem pequeno. Ele pegou

Ações: Noutro dia, ele foi tentar pegar um outro passaro, mas o guarda viu ele.

Complicação: E ele arremesou essa pedra bem no guarda.

Resolução: Ele tomou uma multa por isso.

Moral final: E depois nunca ele fez mais isso.

- Advérbio que marca a moral.
- Advérbio que intensifica a complicação.
- Advérbio da sequência de ações.
- Operador prototípico de narrativa.

FONTE: Acervo pessoal da autora.

Texto 2.9 – Opinião sobre apelidos na escola – aluno de 5ª série (6º ano)

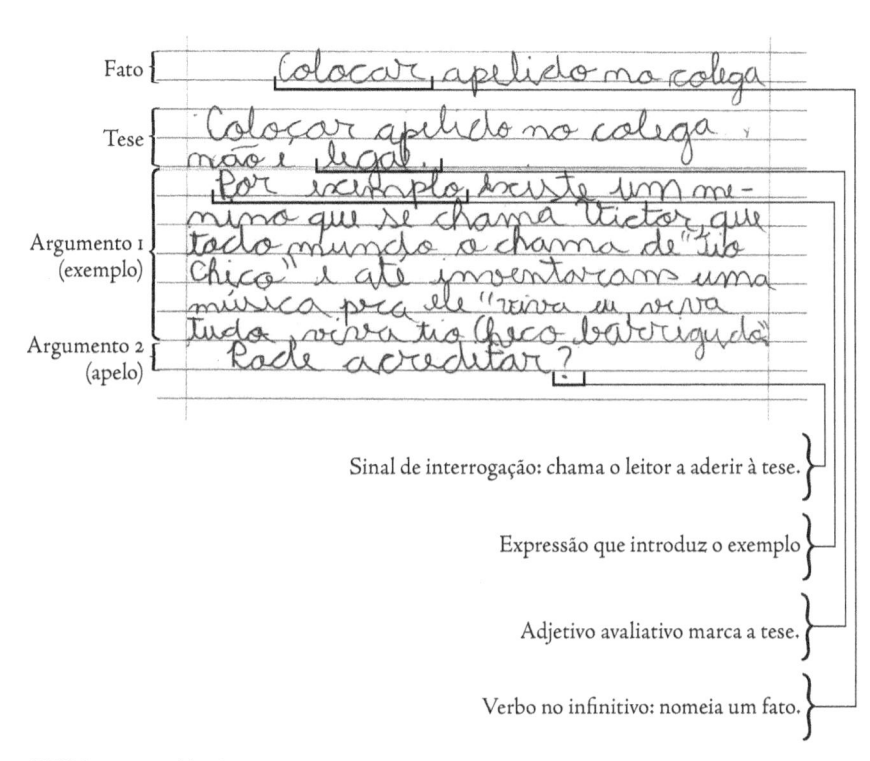

Fato: Colocar apelido no colega

Tese: Colocar apelido no colega, não é legal.

Argumento 1 (exemplo): Por exemplo, existe um menino que se chama Victor, que todo mundo o chama de "Tio Chico" e até inventaram uma música pra ele "viva eu viva tudo, viva tio Chico barrigudo"

Argumento 2 (apelo): Pode acreditar?

- Sinal de interrogação: chama o leitor a aderir à tese.
- Expressão que introduz o exemplo
- Adjetivo avaliativo marca a tese.
- Verbo no infinitivo: nomeia um fato.

FONTE: Acervo pessoal da autora.

TEXTO 2.10 – ANÁLISE EXPLICATIVA DE FAIXA ETÁRIA – TURMA DE EJA-PR

Fato a ser analisado. Pergunta implícita: "Por quê?"

Resposta, justificativa

A importância dos estudos

Nesta sala predomina, a faixa etaria de 21 a 30 anos porque quando eram adolescentes, as pessoas pensavam em se divertir e não tinham conhecimento da importância dos estudos, ou até mesmo para trabalhar e ajudar a familia.

Naquele tempo os pais não davam tanta importância aos estudos, pois não existiam leis que os obrigassem a estudar, ou até mesmo por dificuldade de acesso a escola na área rural.

Com o passar do tempo a tecnologia foi aumentando e as dificuldades tambem e com isso tomaram consciência da falta que os estudos fazem.

Dessa forma as pessoas voltaram as salas de aula para obter mais conhecimento e poder melhorar suas vidas, no dia dia, e no trabalho por que hoje tudo exige estudos.

L. L. – 20 anos
J. A. L. – 23 anos
M – 28 anos
C. L. – 32 anos
L. B. S – 33 anos

Articulador causal da explicação.

Trecho tendendo à opinião.

Verbo de estado: indica o fato.

FONTE: Acervo pessoal da autora.

Texto 2.9 – Opinião sobre apelidos na escola – aluno de 5ª série (6º ano)

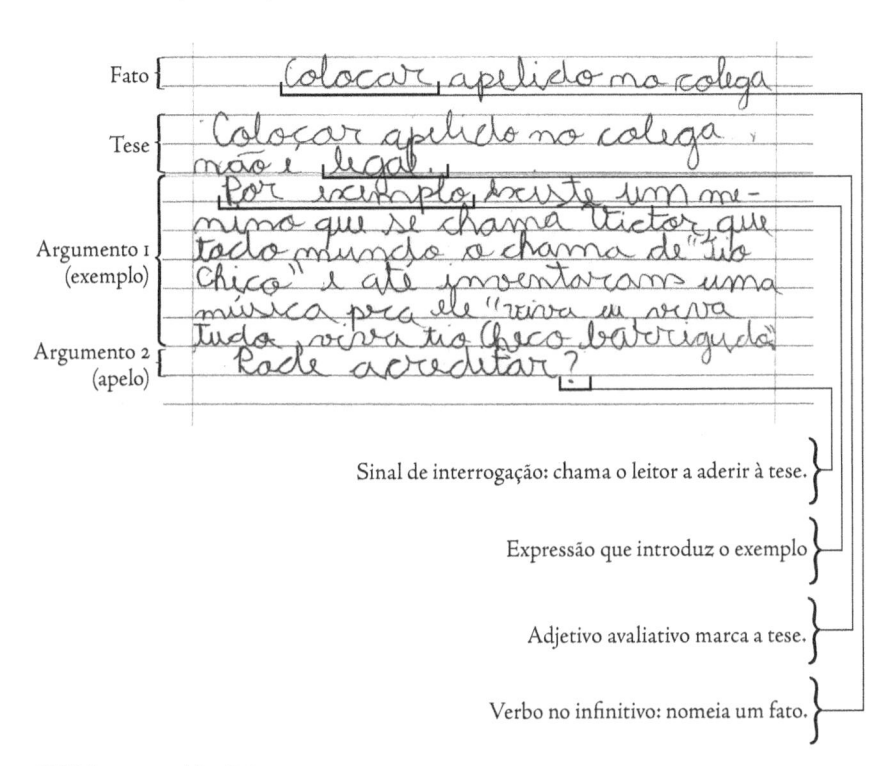

Fato: Colocar apelido no colega

Tese: Colocar apelido no colega não é legal.

Argumento 1 (exemplo): Por exemplo, existe um menino que se chama Victor, que todo mundo o chama de "tio Chico" e até inventaram uma música pra ele "viva eu viva tudo, viva tio Chico barrigudo".

Argumento 2 (apelo): Pode acreditar?

- Sinal de interrogação: chama o leitor a aderir à tese.
- Expressão que introduz o exemplo
- Adjetivo avaliativo marca a tese.
- Verbo no infinitivo: nomeia um fato.

FONTE: Acervo pessoal da autora.

Texto 2.10 – Análise explicativa de faixa etária – turma de EJA-PR

Fato a ser analisado. Pergunta implícita: "Por quê?"

> A importância dos estudos
> Nesta sala predomina a faixa etária de 21 a 30 anos porque quando eram adolescentes, as pessoas pensavam em se divertir e não tinham conhecimento da importância dos estudos, ou até mesmo para trabalhar e ajudar a família.

Resposta, justificativa

> Naquele tempo os pais não davam tanta importância aos estudos, pois não existiam leis que os obrigassem a estudar, ou até mesmo por dificuldade de acesso a escola na área rural.
> Com o passar do tempo a tecnologia foi aumentando e as dificuldades também e com isso tomaram consciência da falta que os estudos fazem.
> Dessa forma as pessoas voltaram as salas de aula para obter mais conhecimento e poder melhorar suas vidas, no dia dia, e no trabalho por que hoje tudo exige estudos.

J. L. – 20 anos
J. A. L. – 23 anos
M – 28 anos
C. L. – 32 anos
J. B. S. – 33 anos

Articulador causal da explicação.

Trecho tendendo à opinião.

Verbo de estado: indica o fato.

FONTE: Acervo pessoal da autora.

Texto 2.11 – Diálogo entre vendedor e vizinho – aluno de EJA-PR

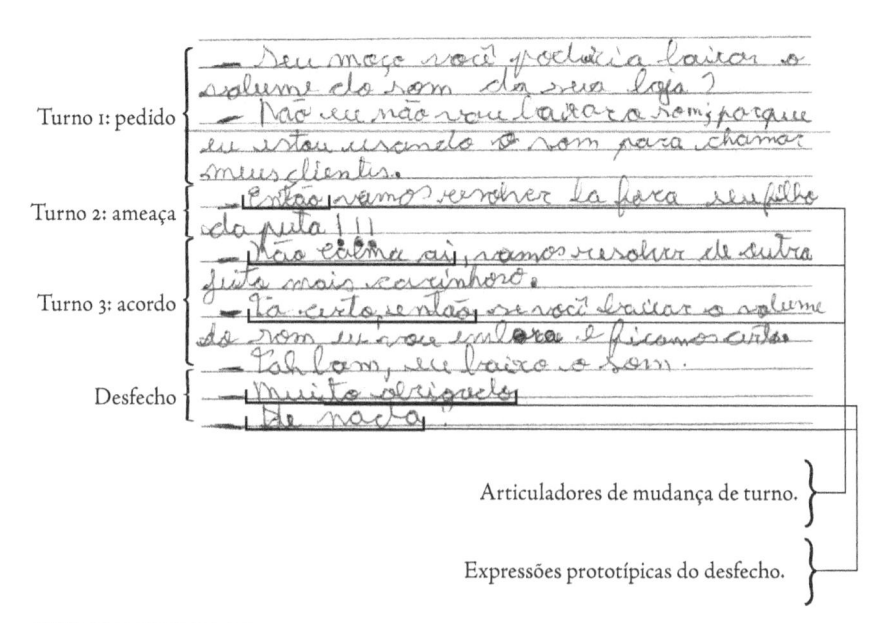

Turno 1: pedido
– Seu moço você poderia baixar o volume do som da sua loja?
– Não eu não vou baixar o som porque eu estou usando o som para chamar meus clientes.

Turno 2: ameaça
– Então vamos resolver lá fora seu filho da puta!!!

Turno 3: acordo
– Não calma aí, vamos resolver de outra forma mais carinhoso.
– Tá certo, então, ou você baixar o volume do som eu vou embora e ficamos certos.
– Tá bom, eu baixo o som.

Desfecho
– Muito obrigado.
– De nada.

Articuladores de mudança de turno.

Expressões prototípicas do desfecho.

FONTE: Acervo pessoal da autora.

Nesse sentido, o trabalho com a gramática ganha corpo significativo no trabalho com os textos. Não é, então, uma opção que desqualifica a reflexão gramatical, tampouco uma orientação cega e torpe de dizer que não há terminologia gramatical que dê conta do ato comunicativo. Há, sim. Até mesmo porque, em suas origens clássicas, as categorias gramaticais tinham motivações retórico-discursivas, haja vista a oposição entre sujeito e predicado derivar da clássica distinção platônica entre tema e rema, que são as informações de tópico discursivo já conhecidas (pressupostas), ou o sujeito, e as informações de progressão discursiva, novas (postas), ou o predicado.

Para além da gramática, há recursos linguísticos que fazem mais do que sustentar estruturas textuais: eles provocam efeitos de sentido, marcando mais diretamente o conteúdo ideológico e dialógico do texto. São os mecanismos enunciativos, que na gramática tradicional/escolar ficam trancafiados e reduzidos aos limites das listagens de figuras de linguagem, no módulo tradicional da estilística. Vamos a eles na próxima seção.

doispontotrês
Uma nota sobre estilo

Na concepção bakhtiniana de gêneros discursivos (Bakhtin, 1992), a tríade **tema/composição/estilo** entra como fenômeno relativamente estável de constituição dos gêneros. Em relação ao **tema**, podemos interpretá-lo como o contexto social de produção (conteúdo referencial, interlocutores, suporte, jogos ideológicos da situação etc.) que se concretiza no texto com os elementos dêiticos e referenciais, ou seja, seus significados vão para fora do texto. Quanto à **composição**, fizemos uma aproximação (na Seção 2.2) com a estrutura organizacional do texto, que aqui ganhou fundamentação sociocognitiva.

E o que seria o **estilo**? Numa visão tradicional, de orientação subjetivista romântica, o estilo seria a marca de inspiração individual para a criação da linguagem, como se o bom texto dependesse de alguma luz interior – privilégio de poucos... Em algumas gramáticas escolares, esta é a concepção que reflete a visão lugar-comum:

> *Discurso é a língua no ato, na execução individual. E, como cada indivíduo tem em si um ideal linguístico, procura ele extrair do sistema idiomático de que se serve as formas de enunciado que melhor lhe exprimam o gosto e o pensamento. Essa escolha entre os diversos meios de expressão que lhe oferece o rico repertório de possibilidades, que é a língua, denomina-se estilo.* (Cunha; Cintra, 1988, p. 1)

Como vimos na Seção 2.2.1, Bakhtin (1981) toma a orientação marxista e critica exatamente essa visão subjetivista romântica. Logo, sua concepção vai além de escolhas psicologizantes: estilo agora será marca de controle enunciativo com motivação social.

Dada essa mudança de pressuposto teórico, nas teorias que revisitam a proposta bakhtiniana, a noção de estilo sofre alongamentos relacionados ao fundamento dialógico da linguagem, ganhando novas terminologias, uma vez que a ideia é fugir da tradição subjetivista. Em Bronckart (2003, p. 319), por exemplo, além do contexto de produção e das estruturas composicionais, a tessitura do texto depende de mecanismos enunciativos, que controlam sua situação dialógica:

> [os mecanismos enunciativos] contribuem para o estabelecimento da coerência pragmática do texto, explicitando, de um lado, as diversas avaliações (julgamentos, opiniões, sentimentos) que podem ser formuladas a respeito de um ou outro aspecto do conteúdo temático e, de outro, as próprias fontes dessas avaliações: quais são as instâncias que as assumem ou que se "responsabilizam" por elas?

Então, um texto, para ser texto, precisa de conteúdo temático, estrutura e controle enunciativo. No paralelo bakhtiniano: tema, composição e estilo. Os mecanismos enunciativos de Bronckart promovem justamente o domínio das vozes (avaliações e suas fontes) que se enunciam no texto.

Com uma preocupação mais escolar, Possenti (2002) analisa textos de vestibular e programa o traço faltante caracterizador de "autoria" na maioria dos textos analisados, cujo traço central é aquela genericidade de redação do tipo dissertação: a "historicidade" das vozes presentes no texto, seja dos personagens, seja das reflexões de um narrador, seja da contradição argumentativa etc. Isto é, as redações de vestibular podem ter controle da norma culta e até da estruturação textual, mas não têm autor – o enunciador que controla as diferentes vozes de seu texto. Ainda segundo Possenti (2002, p. 108),

> *As verdadeiras marcas de autoria são da ordem do discurso, não do texto ou da gramática [...] [a autoria] nem cai do céu, nem decorre automaticamente de algumas marcas, escolhidas numa lista de opções possíveis. Trata-se de fazer com que entidades e ações que apareçam num texto tenham exatamente historicidade – seja o barco, seja o menino, seja o arcadouro, sejam suas lembranças, seja o medo de morrer de barriga cheia. Trata-se de eventos e de coisas que têm sentido.*

Ora, os mecanismos enunciativos de Bronckart são, para Possenti, indícios de autoria. Há um recorte temático e uma estrutura textual, mas há também um sujeito que domina e controla o embate de vozes dentro do texto, inclusive a sua e a do leitor.

Nas teorias que recuperam igualmente as noções básicas da retórica, que é a adequação de quem fala ao seu auditório, as vozes do emissor e do receptor do texto – construções internas ao próprio texto – são o que a retórica clássica nomeou como *éthos* e *pathos*. Logo, o *éthos* é a imagem do autor, a maneira como constrói a sua voz dentro do texto:

> *a análise do éthos do enunciador nada tem do psicologismo que, muitas vezes, pretende infiltrar-se nos estudos discursivos. Trata-se de apreender um sujeito construído pelo discurso e não uma subjetividade que seria a fonte de onde emanaria o enunciado, de um psiquismo pelo discurso. O éthos é uma imagem do autor, não é o autor real; é um autor discursivo, um autor implícito.* (Fiorin, 2008, p. 139)

Quanto à imagem do leitor/ouvinte – o *pathos* –, ela completa a dupla do pressuposto dialógico da linguagem, formalizado desde a retórica:

> *O orador, portanto, para construir seu discurso, precisa conhecer seu auditório. Mas conhecer o quê? O pathos ou o estado de espírito do auditório. O pathos é a disposição do sujeito para ser isto ou aquilo. Por conseguinte, bem argumentar implica conhecer o que move ou comove o auditório a que o orador se destina.* (Fiorin, 2008, p. 154)

É isso que queremos em última instância de nossos alunos, não? Que eles controlem as diferentes vozes dos textos, em seus mecanismos enunciativos, dando-lhes historicidade. A dupla inicial dessa tessitura dialógica é o *éthos* e o *pathos*. Numa definição de estilo atual, que recupera essa organização dialógica, o *éthos* de um texto traduz seu estilo – a voz controladora do texto que faz efeito de sentido.

Como analisar e avaliar o estilo do texto de um aluno? Há um programa para a análise de estilo, que é, em primeiríssimo lugar, fazer um recorte de um conjunto de textos, e não apenas de um único. Assim, analisar o estilo de um escritor literário implica um recorte amplo de textos de sua autoria; analisar o estilo de um jornal implica optar por um recorte considerável de época e de gêneros de seu domínio; analisar o estilo de um gênero implica um recorte gigantesco de critérios, como canal, época e autores (Discini, 2003).

Por conseguinte, analisar o estilo de um aluno ou de uma turma implica recortar um conjunto longitudinal de textos exemplares de seus recursos (o professor de língua sabe intuitivamente do que estamos tratando aqui no decorrer de um ano letivo): um aluno se destaca dos outros por opções próprias de construção de seus textos, seja nas opções estruturais, seja nas opções de mecanismos enunciativos. Entre turmas de uma mesma série/ano, há também a sensação de que uma se diferencia de outra por opções textuais próprias.

Vamos a exemplos. Os textos a seguir são de 2009, de uma aluna do 2º ano do ensino médio.

TEXTO 2.12 – PROPOSTA: PONTO DE VISTA SOBRE A ÉTICA NA POLÍTICA BRASILEIRA – ALUNA M. – 2º ANO DO ENSINO MÉDIO

TEXTO DEFINITIVO

1. Farra- aérea, atos secretos, uso indevido de cartões corporativos. É impossível
2. se sentir indiferente diante dos escândalos políticos que têm sido noticiados no
3. nosso país. Ao ler o artigo deste jornal "Jornalismo não rima com deboche" é um texto
4. de Cláudio Weber Abramo, diretor-presidente da ONG Transparência Brasil, começei a refletir
5. se apenas demonstrar insatisfação, ou criticar a política de um modo geral, será
6. suficiente para promover um basta nesta prática histórica, a corrupção, como ambos
7. os textos questionam. Se levarmos em conta que parlamentares, como Sérgio Morais,
8. estão se lixando para a opinião pública, veremos que, definitivamente, nada
9. irá mudar se atitudes mais enérgicas não forem colocadas em prática.
10. Por que não sair às ruas em protesto, à exemplo do que ocorreu no Irã?
11. Bem, para isso, seria preciso uma população consciente, crítica, com uma
12. formação educacional sólida, o que, infelizmente, no Brasil é quase raridade,
13. já que a educação, muitas vezes, não é priorizada, enquanto políticas populis-
14. tas, propagandas exaltando o governo, planos econômicos, como depri-sal,
15. ajudam a encobrir os escândalos e a acomodar a sociedade.

Pergunta negativa: marca de estilo de M. }

FONTE: Acervo pessoal da autora.

Texto 2.13 – Proposta: Ponto de vista sobre o Programa Bolsa Família, motivado por depoimentos coletados da imprensa escrita – Aluna M., 2º ano do ensino médio

TEXTO DEFINITIVO

1. O poeta Ferreira Gullar está coberto de razão quando, em seu arti-
2. go "Um modo novo de encher a barriga", afirmou que o programa
3. Bolsa-Família nasceu para servir politicamente ao presidente Lula. Além das
4. irregularidades, como a presença de pessoas mortas, proprietários de veículos e,
5. até, políticos na lista de beneficiários, esse programa assistencialista é marcado pela
6. incapacidade de proporcionar, verdadeiramente, ao cidadão "beneficiado"
7. as condições para uma vida digna. Ao invés de investir dinheiro público
8. nesse tipo de programa, não seria mais correto e eficiente investir em
9. educação e geração de empregos, medidas que trariam ao povo autono-
10. mia financeira e reduziriam a pobreza? Sim, talvez para a popu-
11. laridade de Lula essa mudança não convenha e é melhor continuar
12. com projetos paternalistas, que podem enganar o povo, mas não
13. o poeta que, ao contrário de como definiu o leitor J.P.A., não sofre de uma
14. "esquizofrenia ideológica", e sim, está com os olhos bem abertos para a frágil
15. realidade política brasileira.

Antítese introduzida pelo conectivo "ao invés de": inserida na pergunta

Pergunta negativa: marca de estilo de M.

FONTE: Acervo pessoal da autora.

Texto 2.14 – Proposta: Ponto de vista sobre os direitos da população idosa, motivado por depoimentos coletados da imprensa escrita e por gráfico de distribuição de renda – Aluna M. – 2º ano do ensino médio

1. "A vida inteira que podia ter sido e que não foi". Talvez essa
2. seja a sensação de um idoso ao perceber que, mesmo depois de
3. longos anos de trabalho e contribuição à sociedade, seu papel ao
4. atingir uma idade madura esteja subestimado, ou, mesmo que seus
5. direitos não têm sido devidamente respeitados.
6.   Teoricamente, o Estatuto do Idoso prega que a família, a socie-
7. dade e o Poder Público devem assistir o idoso, seja no referente à saúde,
8. à alimentação, ao lazer ou à dignidade. Mas o que se verifica, na
9. realidade, é o abandono de idosos pela família ou os maus tratos
10. dentro da própria casa, sendo este tipo de prática responsável por cerca
11. de 80% dos casos de violência à pessoa idosa. Além disso, há as dificulda-
12. des em relação ao transporte público e à aposentadoria, que,
13. muitas vezes, está associada a um deficitário sistema de previdência social.
14.   Toda essa problemática deve ser o mais rapidamente, se não so-
15. lucionada, ao menos minimizada, já que o Brasil está envelhecendo,
16. como mostram dados da United Nations, que prevê para 2050 um
17. aumento da população idosa brasileira, em detrimento da mais jovem.
18. Com isso, políticas que visem valorizar mais os idosos se-
19. rão de fundamental importância ao futuro de nosso país.
20.   Por que não começar eliminando a ideia de que o papel do
21. idoso na sociedade é secundário, ou a de que simplesmente não pos-
22. suem mais função? O melhor seria aproveitar a enorme experiên-
23. cia dessas pessoas nas diversas questões sociais ou políticas; a execução
24. de um programa governamental que as envolvesse no esporte, na
25. dança, respeitando suas limitações físicas; o incentivo ao turismo
26. na terceira idade, com barateamento de hospedagens e passagens;
27. além de uma infinidade de outras medidas que realmente incluís-
28. sem o idoso na sociedade, de modo a devolver-lhe a auto-estima
29. e o sentimento de que a vida ainda não passou.

Antítese inserida na pergunta. }

Figura de presença do leitor: marca do estilo de M. }

FONTE: Acervo pessoal da autora.

A aluna M. demonstra o controle das vozes chamadas à presença em seu texto. Ela se utiliza de mecanismos enunciativos do tipo citação com aspas e expressões introdutórias do discurso alheio, tais como verbos *dicendi* ("afirmou", "prega" etc.). Mais do que contextualizar o aluno no assunto da proposta, os trechos de leituras iniciais oferecem alternativas de construção polifônica do texto.

Há opções argumentativas também interessantes nos textos da aluna M. Observe que ela faz uso de perguntas para atrair a atenção do leitor, chamá-lo à presença do texto e amarrar a persuasão de suas ideias. Assim, quando ela formaliza uma pergunta do tipo "Por que não começar eliminando a ideia de que o papel do idoso na sociedade é secundário ou a de que simplesmente não possuem mais função?", ela está empregando uma figura de presença retoricamente significativa. Outro ponto a observar é que essa pergunta serve para marcar a contradição inerente ao texto argumentativo: ela apresenta a posição contrária à sua e depois articula a tese do texto por meio de perguntas.

São poucos os recursos figurativos dos textos, mas há construção de sequência argumentativa e controle da situação dialógica. A articulação antítese/tese por meio de pergunta talvez seja a opção textual que marca o estilo da aluna. No momento de avaliação, a reflexão para a reescrita e comentários mais pontuais podem surgir como alternativa para o professor trabalhar seu treino textual.

Para refletir e discutir

Nos textos de seus alunos, há marcas de estilo? Quais são as opções gramaticais que as sustentam? Compare textos de seus alunos (entre eles, entre grupos de textos de um mesmo aluno do começo e do fim do ano, entre grupos de textos de alunos conforme regiões, idade, sexo etc.). Há conclusões sobre as opções gramaticais? Há uso de adjetivos, conectivos, pontuação etc.?

Nesse sentido, propomos aqui que as marcas de estilo de um conjunto de textos se verificam em usos de recursos gramaticais e figurativos que evidenciam o controle das diferentes vozes do texto. O texto com autoria, em que o *éthos* evidencia-se historicamente, é, então, o que emprega adequadamente os recursos da língua, incluindo os metafóricos, para marcar e controlar suas vozes. É o voto mais alto que lançamos à aprendizagem de escrita dos nossos alunos!

Para saber mais

Livro

DISCINI, N. **O estilo nos textos**. São Paulo: Contexto, 2003.

Nesse livro, a autora expõe uma teoria de estilo compatível com a visão bakhtiniana de linguagem. Além disso, apresenta uma farta exemplificação de como o estudo do estilo pode ser desenvolvido.

> **Filmes**
>
> EDIFÍCIO Master. Direção: Eduardo Coutinho. Brasil: Riofilme, 2002. 110 min.
>
> O FIM e o princípio. Direção: Eduardo Coutinho. Brasil: Videofilmes, 2005. 110 min.
>
> PEÕES. Direção: Eduardo Coutinho. Brasil: Videofilmes, 2004. 85 min.
>
> Na Seção 2.2.1, indicamos o documentário *Jogo de cena*, de Eduardo Coutinho. Além dele, o cineasta tem uma série de outras produções. Assista a pelo menos três de suas obras e levante seus traços de estilo. Lembre-se de que o gênero *documentário* contém alguns elementos "relativamente estáveis", como recorte real, ausência de narrativa e interação entre linguagem visual e verbal.

Síntese

Neste capítulo, o objetivo foi apresentar uma alternativa de organização teórica para a prática de correção e avaliação dos textos dos alunos. A pergunta central aqui foi: "O que avaliar?". No entanto, inevitavelmente, fomos além disso. Com a proposta tripartite de concepção sociocognitivista de texto – em que se imbricam discurso, sequência textual e gramática –, acabamos explicitando um caminho de proposta metodológica de análise e, propriamente, uma concepção de linguagem que toma a mente como intermediador da construção de linguagem. O estilo, por sua vez, traduzido em mecanismos enunciativos, evidencia o controle dialógico do texto, marcadamente nas opções de construção do *éthos*.

Na orientação de olhar teórico entre os níveis do discurso, das sequências e das opções gramaticais, resta-nos enfrentar uma pergunta tão complexa quanto a deste capítulo: "Como avaliar?". Assim, no próximo capítulo, estenderemos as noções desenvolvidas aqui para demonstrar a você, leitor-professor, os caminhos de avaliação e atribuição de notas aos textos – uma tarefa difícil, mas contornável. A boa dose de teoria deste capítulo pode ajudar nessa empreitada.

Atividades

1. Os textos a seguir, produzidos por alunos do ensino médio, são de orientação argumentativa sobre o uso do *e-book* (livro eletrônico). Marque as macroposições da sequência argumentativa. O que falta?

> ### Texto A
> Em uma sociedade onde a internet, a cada dia que passa, tem mais importância e necessidade para todos, ao mesmo tempo que esta colabora para o crescimento pessoal de uma forma mais cômoda aos seus usuários, também cria o que alguns poderiam chamar de "desvantagens".
>
> A internet agora é uma ferramenta "mais do que completa", já que afinal, lá você pode fazer desde pesquisas e trabalhos, até baixar filmes, músicas e agora livros. Toda essa considerável "pirataria" prejudica (e muito) as empresas que os vende legalmente, até porque pela internet tudo é mais barato (e muitas vezes "de graça" mesmo). Então, porquê essas empresas

não tomam alguma atitude com relação à preços de seus cd's, livros e etc.? Para que estes estejam mais acessíveis a todos, já que é um absurdo, chegar a pagar até 70 reais por um cd do seu cantor predileto, ouvir umas duas ou três vez e o deixar guardado na prateleira com todos os outros.

Mesma base quanto aos livros.

Há livros caríssimos e que muitas vezes necessitamos para a faculdade, trabalho ou até mesmo pelo simples prazer da leitura daquele tipo textual. Mas uma vez aquela singela pergunta... Porque não diminuirem os preços? Com certeza, se isso acontecesse, muitas pessoas deixariam de baixar esses livros da internet (muitas vezes correndo o risco de "pegar" uma versão mais compacta, ou até mesmo expandida) se sentariam toda noite em sua confortável cama para ver o velho e bom livro impresso.

FONTE: Acervo pessoal da autora.

Texto B

Passamos hoje por mudanças cada vez mais drásticas e rápidas, isso devido à velocidade em que inúmeras inovações em todas as áreas para tornar a vida de todos mais fácil.

Um exemplo de mudanças é o que propõe a pesquisadora e professora de pós-graduação em comunicação e semiótica da PUC-SP, Gisele Beiquelman. Com uma idéia inovadora, ela sugere que não mais utilizemos livros impressos, e sim e-books (livros virtuais).

Segundo a professora esse novo suporte e informação deixaria de lado a narrativa dos livros impressos, e possibilitaria uma nova abordagem das informações tornando-as mais agradável e de mais fácil acesso.

Um verdadeiro inovador no ramo dos livros é o executivo e escritor Jason Epstein, que fez história na área por acreditar que os livros são indispensáveis a vida civilizada, e por isso, empenhou seu trabalho em facilitar seu acesso a eles.

FONTE: Acervo pessoal da autora.

> **Texto C**
>
> Vejo na internet um caminho sem fronteiras. Posso com um "click" encontrar de "tudo". É um meio de comunicação. Quando usado com finalidades construtivas, não impõe limites sociais, econômicos e principalmente geográficos.
> Mas nem tudo na internet é bom, com conteúdo de qualidade. A falta de autoria em alguns artigos me levam a duvidar da sua autenticidade. Não vejo credibilidade em muitos temas.
> Um bom exemplo são os e-books de fontes duvidosas. Se editados com autoria e devidamente credenciados é um avanço na comunicação da sociedade. Que bom termos acesso a livros de temas e autores diversos.
>
> Além da possibilidade de consultar vários e-books para realizar uma pesquisa tenho uma compensação financeira por não precisar adquirir todos esses livros. Existe também a questão geográfica, onde encontrá-los.
> Considero ainda uma modernidade ainda em crescimento que deve ser utilizada com responsabilidade e conciência.

FONTE: Acervo pessoal da autora.

2. O texto a seguir é a transcrição de uma palestra. Destaque seus turnos semânticos e depois transcreva o texto para o padrão escrito culto, na estrutura de uma sequência descritiva.

Problemas ambientais

"Bom... eu vou falar sobre os problemas ambientais dos grandes centros urbanos... as grandes e as médias cidades elas são sempre mais poluídas que as cidades do interior ou do meio rural... bem elas apresentam problemas de lixo de esgoto de poluição sonora e visual... um dos grandes problemas é a carência de áreas verdes... as cidades grandes geralmente não têm muito espaço... éh... foi determinado... internacionalmente... que é necessário aproximadamente 16 m² de área verde por habitante e... ãh... no Brasil isso não acontece... como em algumas cidades europeias... em São Paulo... éh... aproximadamente 4,5 m² de áreas verdes por habitantes... isso deixa uma margem muito grande ao do que deveria ser... bem... as cidades que atingem esse nível são Kopenhagen Viena Londres e Estocolmo... éh... no Brasil... isso não acontece porque além de ter muito... muitas... eles não deixam muito espaço né? pra as áreas verdes isso teria áreas de lazer para as pessoas...

FONTE: Milanez, 1993, p. 233.

3. Selecione páginas publicitárias de uma mesma empresa. Quais são os traços de estilo? Há alguma opção gramatical que os sustenta?

um   o que é avaliação?
dois   o que avaliar?
três   como avaliar?

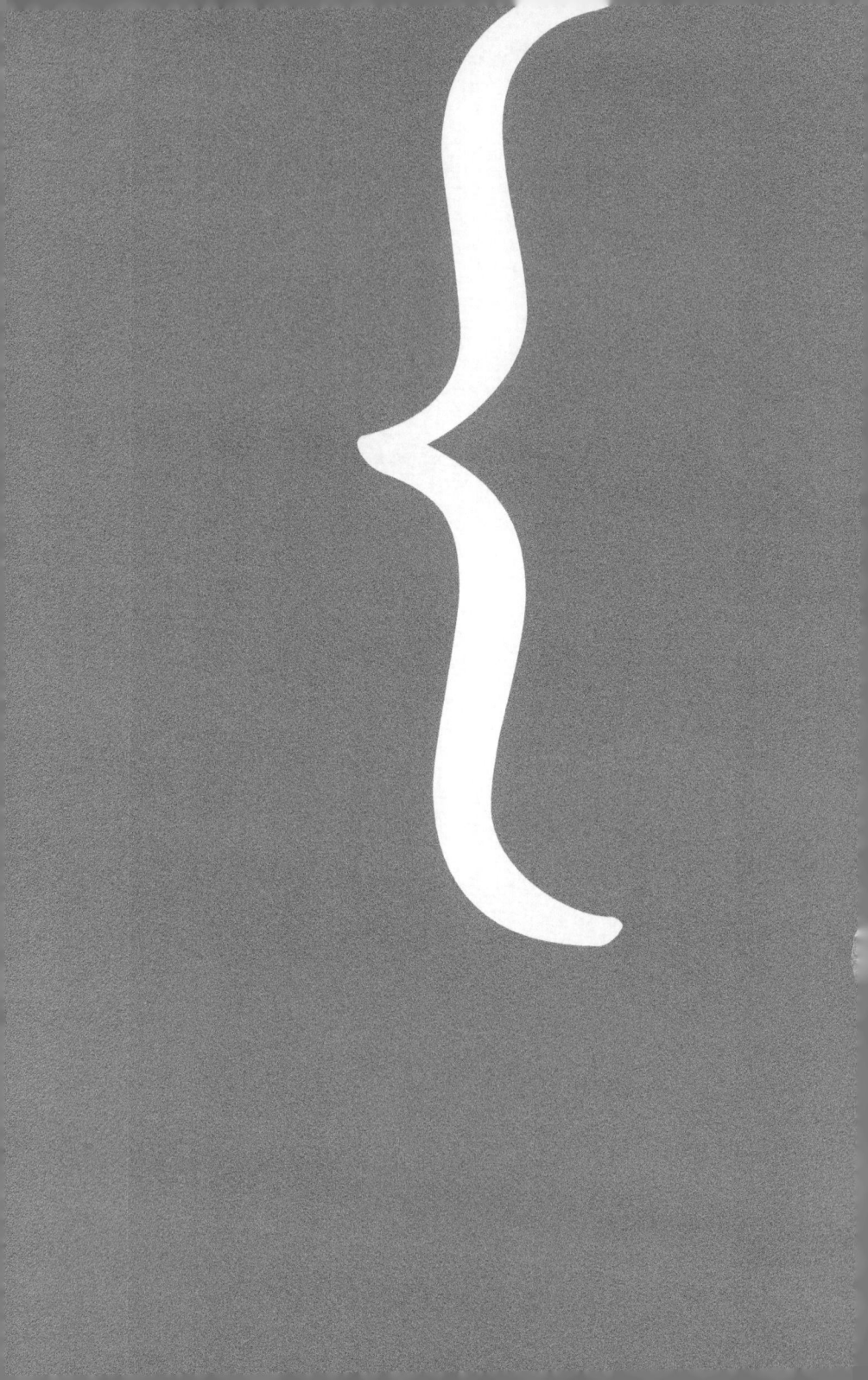

{

❰ SE AVALIAR REQUER teoria para definir critérios, estágios de leitura e reconhecimento de domínio do texto, a tarefa final guarda ainda suas ciladas: fazer as anotações certas nos textos, levar o aluno a refletir sobre sua reescrita e, finalmente, lançar uma nota... Tudo isso ainda é acompanhado da clara observação de que a nota de um aluno relaciona-se à nota dos outros, numa espécie de grande quadro de relações valorativas que o grupo estabelece nas vivências de sala de aula. Nesse sentido, este capítulo pretende apontar um caminho para que o professor chegue ao 3,0, ou ao 6,0, ou ao 10,0. Isso depende de reescrita e, igualmente, da teoria que sustenta as opções conscientes, defensáveis e publicáveis do professor.

Introdução

Neste capítulo, chegaremos à pergunta mais recorrente entre os professores: "Como fazer uma avaliação de texto?". Numa rodada de entrevistas com as professoras – as mesmas que relatei na Apresentação deste livro –, obtive, generalizadamente, dois tipos de respostas: ou o foco de correção vai para a situação social do aluno, que mediaria o grau de intervenção do professor, ou vai para a velha dicotomia conhecida entre discurso e gramática, que faz o professor olhar para dois tipos de textos – os que têm problema de forma e os que têm problema de conteúdo.

Quanto ao primeiro tipo de postura, são problemas externos (mas não muito) à escola que chegam até a postura avaliativa. Ou seja, entre o ato de verificar problemas no texto e o ato de verbalizá-los, o professor vê-se melindrado pela resistência social do aluno em ler e aceitar as anotações. Como comentado na "Introdução" deste livro, entre as síndromes que engessam o trabalho pedagógico, sugeri que esse tipo de problema fosse nomeado como *síndrome da barreira social linguística*. O trecho a seguir é uma conversa entre a professora A. e a entrevistadora E.

Texto 3.1 – Trecho de entrevista com a professora A. sobre correção de textos

> E.: Você usa teoria na hora de fazer anotações nos textos dos alunos?
> A.: Ah, sempre tem, né?
> E.: Que tipo de anotações você faz?
> A.: Depende do tamanho do cara.

> E.: Como assim, "tamanho do cara"?
> A.: Se ele nem tem dinheiro pra pagar o ônibus pra chegar aqui, ele nem vai entender o que você diz.
> E.: Você escreve "Qual é a intenção do teu texto? Você não deixou isso claro"?
> A.: Se eu escrever isso, ele não vai entender. Tem uma barreira de forças sociais que deixa o cara surdo. Ele pode até saber o que é "intenção", mas a distância entre o que você quer saber e a resistência social-emocional dele deixam ele inerte.

FONTE: Acervo pessoal da autora.

No desenvolvimento deste livro, tentaremos mostrar (e continuaremos tentando) que a saída para esse tipo de problema é tanto ideológica quanto teórica. Uma grande parcela de docentes sente na pele que esses problemas são gigantescos, de outras ordens, inclusive, e, principalmente, da ordem de nossa constituição histórica como país pós-colonialista, de disparidades sociais tão arraigadas que acabam sedimentando-se no nível linguístico. Logo, a saída aqui é nos apegarmos ao nosso bom e velho idealismo: o mínimo trabalho do professor sinaliza uma postura que pode ser diferente das que dão continuidade a essas diferenças.

Para refletir e discutir

Suas anotações nos textos dos alunos carregam alguma teoria de base? Qual?
Quais são suas dúvidas em relação a essa interação "indireta"?
Quais são as dúvidas de seus colegas?

O outro problema de correção e avaliação dos textos, referente ao foco na dicotomia discurso-gramática, traduz-se em comentários de professores que se dizem tranquilos ao apontarem os problemas de gramática, mas aqueles externos ao texto, especialmente quando este não apresenta nenhum problema formal, deixam a avaliação sem justificativa. Os Textos 3.2 e 3.3 apresentam, respectivamente, os depoimentos de M. e J. em resposta seguinte à pergunta: "A atividade de correção e avaliação de textos lhe traz alguma dúvida? Qual?".

TEXTO 3.2 – RESPOSTA DA PROFESSORA M. À PERGUNTA "A ATIVIDADE DE CORREÇÃO E AVALIAÇÃO DE TEXTOS LHE TRAZ ALGUMA DÚVIDA? QUAL?"

> Sim. Algumas. Às vezes me deparo com textos que não apresentam nada, ou quase nada daquilo que foi solicitado e, eu, sendo obrigada pelo sistema a atribuir uma nota fico sem saber como fazer essa aferição. Às vezes penso que posso ser injusta, principalmente, quando tomo conhecimento dos problemas pessoais de alunos (familiares, socioeconômicos) que geralmente refletem em indisciplina na sala de aula. É difícil, pois quase sempre o aluno não faz nada, eu sei que ele não "aprendeu", e sou obrigada por vários fatores a mandá-lo seguir em frente.
> Quanto aos alunos que não apresentam os problemas mencionados anteriormente, não é tão complicado, porém, surgem também algumas reflexões sobre o que valorizar mais na produção de texto: as ideias do texto, a organização dessas ideias e dos argumentos, a clareza, a criatividade, a originalidade...
> Embora mostre para o aluno os "erros" no que diz respeito à ortografia, e à acentuação nunca o penalizo por isso na atribuição de nota. Questões de regência e de concordância, anoto no texto e procuro, na medida do possível, chamar e mostrar ao aluno a implicância desse erro para o texto.

FONTE: Acervo pessoal da autora.

Texto 3.3 – Resposta da professora J. à pergunta "A atividade de correção e avaliação de textos lhe traz alguma dúvida? Qual?"

> Sim, várias. Há determinadas produções que dão um nó. Você sabe que há algum problema no texto, mas não sabe identificar qual. E nem sempre é possível consultar um colega para ajudar na avaliação. Um dos maiores problemas é justificar ao aluno a nota que você atribuiu ao texto. Lógico que temos a teoria para fazer isso, mas ela fica muito além do entendimento do aluno, que acaba "engolindo" a nota sem estar satisfeito com a sua explicação. Isso acontece muito quando você se depara com aqueles textos que não apresentam problemas de língua, ele é limpo quanto às questões gramaticais, mas o conteúdo é apenas razoável ou bom, portanto a nota é mediana. E vá explicar isso.

FONTE: Acervo pessoal da autora.

Ou seja, os textos "que não apresentam problemas de língua", que são "limpos quanto às questões gramaticais", conforme caracterizados por J., mas que têm alguma questão que leva a nota para baixo, são os que nos colocam mais problemas na hora de avaliar. Especificando um pouco mais, como apontou M., são situações que trazem problemas na hora de analisar e avaliar "as ideias do texto, a organização dessas ideias e dos argumentos, a clareza, a criatividade, a originalidade".

Vamos tentar organizar isso. Há problemas de diferentes ordens: discurso, sequência textual e gramática. Na tradução intuitiva das professoras, "ideias do texto/criatividade/originalidade" – que tangem à questão do estilo – são da ordem do **discurso**; "organização dessas ideias" é da ordem da **sequência** textual; e "problemas de língua/questões gramaticais" são da ordem da **gramática**.

Há trabalhos recentes de análise da tarefa pedagógica que traduzem igualmente os parâmetros de avaliação de textos:

> *Fazer um texto não é apenas uma questão de gramática. É uma forma particular de atuação social que inclui o conhecimento de:*
>
> a. *elementos linguísticos;*
>
> b. *elementos de textualização;*
>
> c. *elementos da situação em que o texto ocorre (ou 'o estatuto pragmático do texto'), como as finalidades pretendidas, os interlocutores previstos, o espaço cultural e o suporte em que o texto vai circular, o gênero em que vai ser formulado, entre outros.* (Antunes, 2006, p. 171)

Na ordem inversa de apresentação, traduzimos esses parâmetros para "discurso, sequências e gramática". No capítulo anterior, levantamos, respondendo ao nosso idealismo teórico, um detalhamento desses elementos, explorando especialmente: a) a natureza dialógica e social do discurso; b) as opções estruturais de descrição, narração, argumentação, explicação e diálogo; e c) as opções gramaticais, filiadas aos blocos morfologia/sintaxe/semântica, que sustentam as estruturas textuais.

Logo, nossa saída aqui é a seguinte: empregar essas noções para fazer correção e avaliação de textos. Resgataremos, nesse sentido, a noção do princípio de interpretabilidade dos textos (Charolles, 2002) e a problemática da correção coringa (Charolles,

2002; Ruiz, 2010). Nesse capítulo, exploraremos essa ordem, dedicando a Seção 3.1 à correção e a Seção 3.2 à avaliação.

trêspontoum
Todo texto é interpretável

Há um princípio básico, apriorístico, para a atividade de leitura dos textos dos alunos: **todo e qualquer texto tem coerência**. Não é jogo ingênuo de contente, tampouco condescendência avaliativa com os alunos. Ninguém aqui está brincando de "Poliana"*, nem está propondo que carreguemos os alunos no colo. Um texto, por pior que seja, tem algum fio de raciocínio que pode ser inferível, especialmente pelo professor.

O pressuposto desse tipo de princípio é o **inatismo** e veio na bagagem do que as gramáticas de texto das décadas de 1960 e 1970 intencionaram fazer na linguística textual (Weinrich, 1964, 1971, 1976; Petöfi, 1973; van Dijk, 1972, citados por Koch, 2004). Para os autores da época, se a gramática universal da sintaxe gerativa prevê princípios linguísticos que se verificam em todas as línguas (Chomsky, 1965), na base de um módulo mental independente

---

* O jogo de Poliana faz parte da narrativa de dois romances famosos, *Poliana I* e *Poliana II*, de Eleanor H. Porter, que contam a história de uma menina cuja vida é uma sucessão de tragédias: perde a mãe e o pai cedo, vai morar com uma tia inescrupulosa com interesses só em suas heranças, sofre discriminações na escola e todo o sortilégio de experiências catastróficas que recheiam um bom *best-seller*. No meio disso tudo, ela inventa o "jogo do contente", cujo objetivo é achar sempre o lado bom das experiências. A expressão *jogo do contente* virou gíria de uma geração que lia esses livros.

responsável pela linguagem, há também uma habilidade universal e inata para a construção textual:

> [nas gramáticas de texto], passou-se a postular a existência de uma competência textual à semelhança da competência linguística chomskyana, visto que todo falante de uma língua tem a capacidade de distinguir um texto coerente de um aglomerado incoerente de enunciados, competência que é também especificamente linguística, em sentido amplo: qualquer falante é capaz de parafrasear, de resumir um texto, de perceber se está completo ou incompleto, de atribuir-lhe um título, ou de produzir um texto a partir de um título dado. (Koch, 2004, p. 6)

Esse paralelo com a sintaxe rendeu reações críticas severas, que hoje desembocaram nas teorias de discurso e texto voltadas a fundamentos contextuais – sociais e históricos – para a construção textual, à luz de ideias de Bakhtin e mais outros nomes da "virada pragmática" (Koch, 2004, p. 13). Óbvio: o problema é que desenvolver uma gramática de texto é uma tarefa inócua, pois não se pode conceber formatos fixos – e universais – para propósitos comunicativos. O que se observa são operações mentais elementares (logo, inatas), do tipo generalização, relação, divisão, modalização, distribuição, julgamento etc., que sustentam as sequências textuais – estas, sim, entidades sociocognitivas. Portanto, não é que a narração ou a argumentação sejam inatas; inatos são os raciocínios de base que as sustêm, como a habilidade de relacionar eventos percebidos no mundo, seja por temporalidade, seja por oposição.

Este é o princípio mais interessante do paralelo com a gramática gerativa: a habilidade de fazer linguagem é inata. O nosso aluno, quando constrói seu texto, faz uso disso. Ou seja, no lugar de um "aglomerado incoerente de enunciados", o aluno está inserido em uma situação de comunicação, logo, coerente, que é o contexto escolar.

E o que acontece quando o texto dele "não tem pé nem cabeça", isto é, não tem lógica alguma? No lugar de avaliar o texto como "incoerente" ou, pior, impingir-lhe uma frase condenatória como "Você não raciocina direito", há uma saída de pressuposto inatista e, portanto, menos moralista e mais democrática: "O que você quis dizer?". Este é um dos depoimentos mais recorrentes entre os alunos: eles afirmam que pensaram alguma coisa, mas na hora de pôr no papel não saiu nada. Como professores, quantas vezes escutamos a frase "Professor(a), tenho tudo na cabeça, mas na hora de escrever não sei como fazer"? Ora, eles mesmos dão conta de dizer que sabem de alguma coisa antes de escrever, que há algum princípio anterior ao texto, no nível dos conceitos e ideias, que é mais "natural"...

Bingo! Então o problema é de ordem do adquirível, do que se adquire em contato com o mundo. Logo, o problema é a experiência de letramento e a experiência de aprendizagem. Outros tantos vetores interferem, como uma situação emocional, bloqueios psicológicos, traumas, fome e miséria.

Voltemos ao idealismo. O princípio de que todo texto tem coerência, além de um pé no inatismo, atribui à situação discursivo-pragmática o peso principal de seu sentido. Logo, qualquer situação pragmática vai produzir textos coerentes. Uma fala de um afásico, com distúrbio severo de linguagem, será coerente: no emaranhado de tentativas de frases, há uma intenção, para atingir um interlocutor, sobre um determinado assunto. O terapeuta – médico, fonoaudiólogo, linguista ou psicólogo – infere o significado.

Já no contexto escolar, um texto de aluno em que não se podem entender as ideias, pelos pressupostos que estamos assumindo aqui, também será coerente. Além de o aluno ser da espécie humana e, portanto, gozar da habilidade de linguagem, existe uma situação discursiva, pois ele escreve para alguém (o professor, o colega etc.) com alguma intenção sobre um determinado assunto e todo e qualquer fator externo-contextual-pragmático que condicione sua produção (como o objetivo de tirar nota para passar de ano).

Vamos utilizar aqui verticalmente a proposta de Charolles (2002) e chamar, como Koch (2004, p. 20), seu postulado de *princípio de interpretabilidade*:

> *O comportamento de recuperação por acesso estratégico ao mundo da emissão é geralmente muito difundido, embora sofra variantes consideráveis. Quando lemos A. Artaud, quando lemos um mito ameríndio, um texto cabalístico, ou um opúsculo científico, reconhecemos a priori em todos esses discursos uma mesma coerência, mas as vias pelas quais tentamos reencontrar seu fio, para nós perdido, são diversas, pois sabemos que esses textos não respondem às mesmas finalidades e temos*

claramente consciência de que as dificuldades que experimentamos para aprender sua organicidade não se prendem todas à mesma origem. Isso, para dizer que deve existir, ao menos em nossos sistemas de pensamento e de linguagem, uma espécie de princípio de coerência verbal (comparável ao princípio de cooperação de Grice) estipulando que, qualquer que seja um discurso, este tem forçosamente nalguma parte uma coerência que é sua, pela simples razão de que é produzido por um espírito do qual não se pode conceber, como escreve P. Valéry, citado no exergo[*]*, que "seja incoerente para si mesmo". (Charolles, 2002, p. 85)*

Logo, estamos propondo diretamente que a interpretação dos textos dos alunos seja, por princípio, possível. Por metodologia, a mesma interpretação é uma estratégia para se chegar até a organização das ideias, motivada pela proposta de gênero textual.

Por princípio de interpretabilidade, os textos a seguir, explorados no Capítulo 1, têm algum fio de coerência que pode motivar reescrita. Vamos tentar chegar até ele.

---

* O exergo (ou epígrafe textual) de Charolles (2002) é um trecho de Paul Valéry, do conto *Senhor Teste*: "Andávamos e escapavam-lhe frases quase incoerentes. Apesar dos meus esforços, mal acompanhava as suas palavras, limitando-me, enfim, em fixá-las. A incoerência do discurso depende de quem ouve. O espírito parece-me feito de tal forma que ele não pode ser incoerente para si mesmo. Por isso não me atrevi em classificar Teste como louco. Aliás, percebia vagamente a ligação de suas ideias, não observava nelas nenhuma contradição; além do mais, eu teria temido uma solução simples demais".

Texto 3.4 – Opinativo sobre o tema competição – aluno de 8ª série (9º ano)

> Competir
>
> O importante é competir, é fácil competir, é importante, e competir leva a alguma coisa.
>
> Competir não é fácil, tem que ir atrás, tem que buscar a vitória, nunca compito só para ganhar mas tento ser um bom competidor.
>
> É muito importante competir, principalmente quando compete com garras e coragem, com vontade de vencer.
>
> Competição leva a muitas coisas, se competir sabendo que pode ganhar e perder, sabendo que tem que ser sempre feliz, pensando em ser um alguém vitorioso.
>
> Enfim competir é importante, é fácil se tiver vontade e basta querer que competindo vai a muito longe.

FONTE: Acervo pessoal da autora.

Em uma primeira leitura, o professor pode comentar que é um texto "vazio", "sem sentido" ou "sem coerência". Estamos querendo propor um caminho inverso: 1) alguma coisa foi escrita, portanto não é "vazio"; 2) alguma coisa estabelece sentido, pois há uma situação comunicativa escolar, e o aluno é dotado da faculdade de linguagem; 3) alguma coisa estabelece coerência, pois, por princípio de interpretabilidade, o aluno quis comunicar alguma coisa.

O que falta nesse texto são exemplos, fatos que possam funcionar como argumentos mais consistentes de modo a tornar o texto mais "referencial", no sentido de fazer mais leitura de mundo. Falta persuasão, pois a opinião não foi linguisticamente trabalhada. Se exagerarmos, podemos dizer que faltam letramento e concepção de texto em aprendizagem escolar.

No entanto, temos de salvar esse aluno. Alguma coisa precisa ser feita. Seguindo as orientações teóricas da tríade "discurso – sequências – gramática", abordada no Capítulo 2, a proposta é pontuar as ausências no texto por princípio de interpretabilidade. Entre o primeiro e o segundo parágrafos, por exemplo, não haveria uma contradição que desenharia uma opção argumentativa, do tipo "competir é fácil e não é ao mesmo tempo". Assim, usaríamos as sequências textuais para a "terapia textual" dele. No caso de perguntarmos ao aluno "É isto o que você quis dizer aqui?", se a resposta for afirmativa, vamos prosseguir: "Então, articule os dois parágrafos com alguma expressão de contradição, como 'por outro lado', 'mas' etc." Assim, usaríamos nosso preceito de que a gramática tem desdobramentos funcionais na sequência. Ou então poderíamos pontuar: "Exemplifique o lado fácil e o lado difícil da competição. Você experienciou isso? Conte suas histórias, do seu bairro, da sua turma da rua". Desse modo, usaríamos o pressuposto discursivo da construção textual, chamando à baila outras vozes e outras opiniões. Esse aluno não poderia, então, idealmente, chegar até o controle enunciativo do texto, marcando seu estilo/ *éthos*? As perguntas propostas para a correção apareceriam do modo como apresentado a seguir, apontando para os problemas localizados no texto.

Texto 3.4 – Sugestões de comentários do professor sobre a argumentação

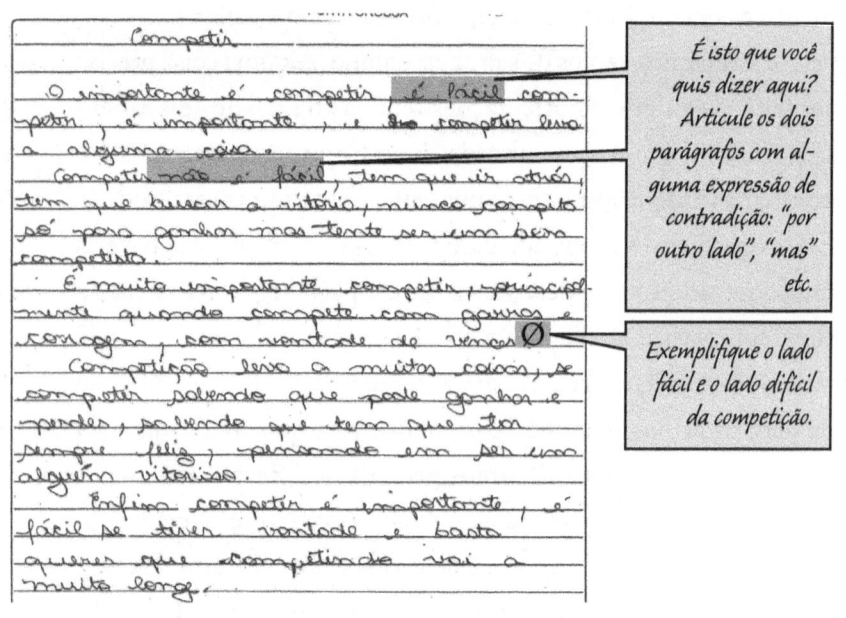

[Texto manuscrito do aluno com anotações do professor:]

Competir

O importante é competir, é fácil competir, é importante, e competir leva a alguma coisa.
Competir não é fácil, tem que ir atrás, tem que buscar a vitória, nunca competir só para ganhar mas tente ser um bom competidor.
É muito importante competir, principalmente quando compete com ganhos e consagra, com vontade de vencer. Ø
Competição leva a muitas coisas, se competir sabendo que pode ganhar e perder, sabendo que tem que ser sempre feliz, pensando em ser um alguém vitorioso.
Enfim competir é importante, é fácil se tiver vontade e basta querer que competindo vai a muito longe.

[Comentários à margem:]
É isto que você quis dizer aqui? Articule os dois parágrafos com alguma expressão de contradição: "por outro lado", "mas" etc.

Exemplifique o lado fácil e o lado difícil da competição.

FONTE: Acervo pessoal da autora.

Outro texto apresentado no Capítulo 1 é um verdadeiro tratamento de choque. Há coerência?

Sim, esse texto tem coerência. Em primeiro lugar, nos dois primeiros parágrafos, o aluno parece estar a favor da televisão, pois ela promove "uma crítica de assunto". O segundo parágrafo, então, referindo uma reportagem sobre poluição, entraria como o argumento exemplo da primeira tomada de posição.

Mas há uma questão maior aqui: o discurso e seu pressuposto dialógico. Nos dois últimos parágrafos, aparece uma segunda tomada de posição: a de que a televisão não serve. Quem diz isso? Sua orientação religiosa. Opa! Um assunto delicadíssimo, mas real. Como contornar? Promovendo leitura dialógica, é claro! Se o aluno vai continuar sendo religioso, ou fanático, ou chefe de torcida organizada de algum time, isso não é da alçada do professor. O que precisamos fazer aqui é mostrar ao aluno que há diferentes vozes: da crítica social que a televisão promove e dos valores religiosos que são contra ela. Pergunte ao aluno: "Para que lado você pende?". Reação do professor, independentemente da resposta: "Certo, então vamos marcar melhor isso no texto. Vamos imaginar o leitor que vai ler o seu texto. Vamos reformular as frases para um padrão usual, com escolhas lexicais próprias. Onde está o articulador de contradição?". Assim, usaríamos toda a escala "discurso – sequências – gramática". Todos os seus graus estão expostos no texto, e a saída é a **reescrita**. As anotações no texto podem ser ilustradas conforme apresentado a seguir.

Texto 3.5 – Sugestões de comentários do professor sobre a argumentação

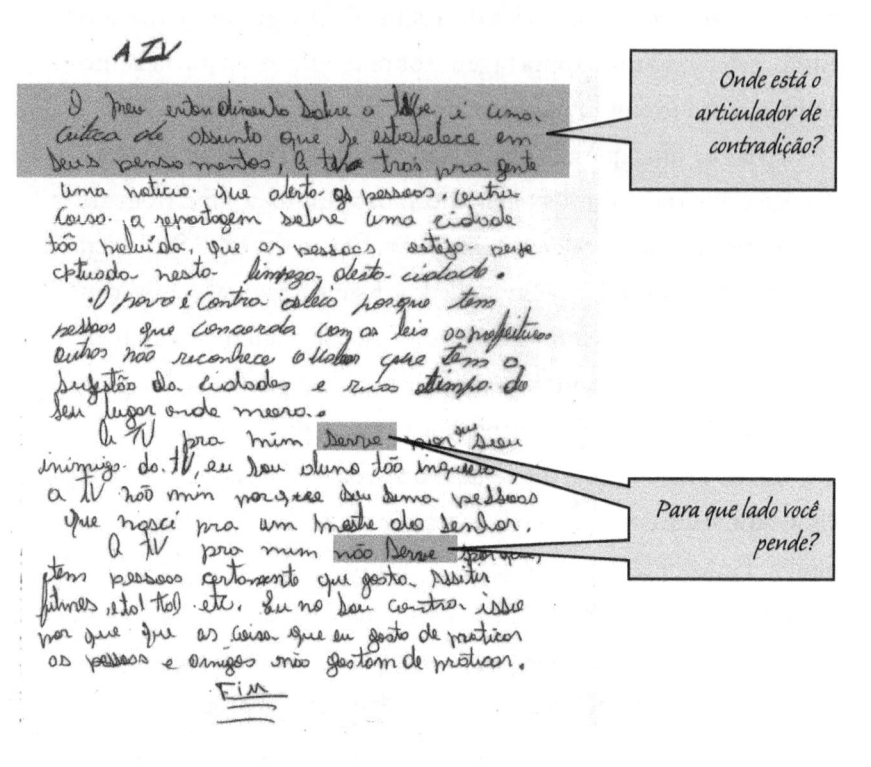

[Manuscrito do aluno com anotações do professor:]

A TV

Meu entendimento sobre a TV, é uma crítica de assunto que se estabelece em seus pensamentos, a tv traz pra gente uma notícia que alerta as pessoas, outra coisa, a reportagem sobre uma cidade tão poluída, que as pessoas estejo pesse atuada nesta limpeza desta cidade.

O povo é contra essa coisa porque tem pessoas que concorda com as leis os prefeitos, outros não reconhece o lucro que tem o sujeitão da cidades e rios atempo do seu lugar onde mora.

A TV pra mim serve por ser seu inimigo do tv, eu sou aluno tão inquieto, a tv não mim por, se deu duma pessoas que nasci pra um meste do senhor.

A TV pra mim não serve porque tem pessoas certamente que gosta assistir filmes, total td etc. Eu no sou contra isso por que que as coisa que eu gosto de praticar os pessoas e amigos não gostam de praticar.

Fim

[Balão 1:] Onde está o articulador de contradição?

[Balão 2:] Para que lado você pende?

FONTE: Acervo pessoal da autora.

Esse texto sobre a televisão, em suas ciladas dialógicas, é realmente emblemático, pois é impressionante que ele tenha sido produzido por um aluno do ensino médio. Mas, ao mesmo tempo, é um texto interessante para que cheguemos a uma situação caricaturesca. Ele hiperboliza a ausência de controle formal de estruturação de frase, de domínio de escrita e – enfim – de concepção de texto. No entanto, há algum fio de raciocínio que pode sair de inferências de linha cognitiva. O professor tem de torcer a toalha até sair alguma gota: o **princípio de interpretabilidade** sinaliza uma relação lógico-cognitiva entre o primeiro e o segundo parágrafos (o exemplo de uma tomada de posição) e entre os dois primeiros e os dois últimos (uma organização textual por contradição). De quebra, vozes da vivência religiosa caem de paraquedas para serem trabalhadas.

    Entretanto, é uma proposta que provoca reações curiosas e contraditórias. Trabalhei esse texto em aulas de Língua Portuguesa do curso de Letras e em oficinas de capacitação de professores, no ensino público e no privado. Alguns alunos/professores assumiram a proposta, numa tentativa de dar conta das atrocidades vivenciadas em suas práticas com produção de textos. Por outro lado, um bom número deles exibiu comportamento de revolta no momento de apresentação da proposta. Ouvi, nesse sentido, depoimentos do tipo: "Você quer dizer que esse aluno tem jeito?"; "O problema não é do ensino médio, mas da educação fundamental"; "Esse aluno não teve formação antes". O mais engraçado dos desabafos foi: "Você quer que eu carregue ele no colo?".

    Claro que não. Ninguém quer dar jeito na história pessoal escolar dele, tampouco, nas parcas páginas deste livro, dizer como iremos reformar o ensino básico. No entanto, há, sim, procedimentos que podem iluminar algum mínimo resultado: correção com teoria, reescrita e avaliação do processo.

    Ora, o problema é outro. As reações negativas fizeram com que eu efetivamente me lembrasse de uma outra análise dessas situações escolares: a questão aqui é mais moral do que pedagógica.

Entre o trabalho do professor e o problema do aluno, cria-se um hiato social e comportamental que é histórico. Desde o professor-filósofo que, secularmente, fez parte da elite letrada de acesso à escrita até a figura do professor que precisava bater na palma da mão do aluno para se fazer entender – ou mesmo até a figura do professor universitário para quem ninguém tem coragem de fazer perguntas ingênuas, pois é "autoridade máxima" –, todas essas figuras sociais foram criadas no ambiente moralista-sectarista da escola, especialmente em nossa tradição brasileira de hábitos pós-colonialistas. Em seu antigo (mas relevantemente pontual) trabalho de análise de textos de alunos e suas metodologias prévias, Bernardo (1991, p. 165) escancarou a questão ético-moral da escola e os resultados na produção escrita do aluno:

> *Redação, enquanto red-ação, tem muito a ver com coragem. O texto que se pretenda propriamente ético se define pelo grau da sua resistência. Insistir em pensar, insistir em externar o pensado, insistir em certas conclusões para imprimi-las a fogo sobre o mundo, implica o simultâneo ato de resistir àqueles que se alimentam da mudez alheia. Isto é, resistir sem concessões à censura, qualquer que seja o seu tipo, qualquer que seja sua fonte.*

Não estaríamos nós, professores, nos alimentando da "mudez alheia" quando condenamos um texto de um aluno a sentenças como "não faz sentido" ou "não tem pé nem cabeça"? A próxima seção será dedicada à sinalização de alternativas de correção que superem essa postura.

trêspontodois
Como corrigir?

Vamos à prática. Se a postura, *a priori*, é o princípio de interpretabilidade e se as noções de discurso, de gramática e, sobretudo, da estrutura sociocognitiva das sequências nos apontam caminhos para trabalhar os textos, vamos ver como agir sobre eles.

O primeiro passo são as anotações que orientam de alguma forma a autorreflexão, inclusive linguística, e em último passo a reescrita. No trabalho com os professores, verifiquei quatro orientações diferentes, não excludentes:

1. anotações ao final;
2. anotações codificadas;
3. anotações na margem ou no corpo do texto;
4. anotações "coringa".

O problema é que, em todos esses recursos, não se pontuam lugares textuais de manifestação dialógica e de leitura social discursivas nem articulação relevante para a manutenção de estruturas textuais de gêneros, tampouco aspectos gramaticais que se relacionem diretamente com o discurso e/ou sequências. Isso se deve ao fato de nós, professores, não termos tempo de fazer todas essas anotações nos textos. Bom, se o professor tem tempo de decodificar problemas de norma-padrão, por que não teria para provocar o aluno com uma pergunta de orientação discursiva do tipo "É assim mesmo que você pensa?"?

Nos textos a seguir, exploraremos propostas de texto argumentativo para depois ilustrar situações de correção orientadas pela teoria aqui apresentada. Para o Texto 3.6, de um aluno da antiga 8ª série (atual 9º ano), de 13 para 14 anos, a proposta era a escrita de um texto opinativo sobre os direitos da criança, com motivação inicial de depoimentos e reportagens sobre trabalho infantil e evasão escolar. As anotações são listadas ao final do texto.

TEXTO 3.6 – OPINATIVO SOBRE OS DIREITOS DA CRIANÇA, COM ANOTAÇÕES AO FINAL – ALUNO DE 8ª SÉRIE (9º ANO)

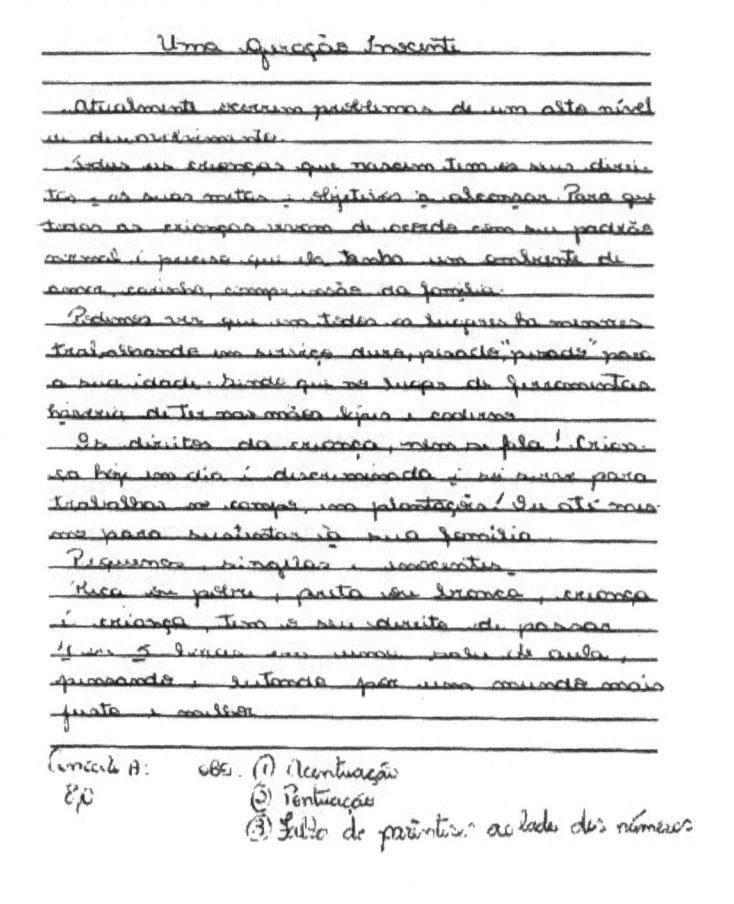

FONTE: Acervo pessoal da autora.

O problema geográfico (do distanciamento dos comentários) recebe uma pseudossolução: os símbolos são levados até o lugar dos problemas. Mas a orientação para a reescrita continua inoperante, pois agora o aluno precisa decodificar os símbolos. Ou seja, se antes teria dificuldade em localizar os problemas, agora os localiza, mas precisa dominar uma outra língua: a dos símbolos e seus correspondentes problemas. Detalhe: quem corrige texto sabe que a lista deles é imensa. Logo, alguns textos ficariam verdadeiros mosaicos de índices.

Além disso, problemas "cabeludos" mesmo, da ordem do discurso e da estruturação do gênero, não são apontados. Se o fossem, seriam mais símbolos e mais poluição visual...

Outra tendência de correção mistura as anotações ao final do texto a intervenções mais localizadas: **na margem ou no corpo do texto.** O recurso principal aqui é o uso dos espaços das margens ou dos miniaturizados espaços entre as linhas, o que certamente reduz o jogo de adivinhação do problema com indicação ao final. É um recurso bem melhor, pois o olhar gestáltico do aluno é puxado para a localização pontual do problema.

Veja a seguir o Texto 3.8, também de um aluno da antiga 8ª série, sobre sexo na adolescência, com contextualização por depoimentos, posições contraditórias etc. Detalhe: entre os direitos das crianças, situação dos presídios no país e sexo na adolescência, este último parece o tema mais próximo dos alunos – especialmente os de 8ª série, entre 13 e 14 anos, quando os hormônios testosterona e estrogênio estão à flor da pele.

Texto 3.8 – Opinativo sobre sexo na adolescência, com anotações mistas na margem e ao final – aluno de 8ª série (9º ano)

VERSÃO DEFINITIVA adolescência

O sexo e a adolescência está mais que [?]. Eu também sou umas das que censuram o sexo na publicidade, eu acho um abuso contra menores, porque são eles o que mais sofrem com essa consequência, já que?

Já os menores, começa a querer se envolver no meio mais maduro, talvez seja por isso que existe muita prostituição com menores, talvez porque também, o sexo, hoje em dia, não tem mais limite, isso já virou uma pouca vergonha, que quase ninguém tem vergonha, na verdade é difícil de entender, mas sim, se estamos tentando compreender e entender da nossa maneira.

Na televisão, cada dia que passa, a coisa fica mais feia, já começo desde a novela, daqui a pouco vai ser nos programas infantis e largo está tudo, não só na televisão mais nas ruas e em qualquer lugar.

Se todos pensassem como eu, não existiria sexo na publicidade!

– Problemas
– concordância
– muito uso do pronome "eu"
– uso de expressões inadequadas
– redundância
– coesão – carência

2º TURNO

FONTE: Acervo pessoal da autora.

Faremos duas observações preliminares antes de tratarmos das opções de correção do Texto 3.8: uma relativa à avaliação e outra relativa à formação dos professores. Comentamos anteriormente que, quanto aos temas *direitos das crianças*, *prisões* e *sexo na adolescência*, há um forte distanciamento temático entre os dois primeiros e este último, especialmente para os alunos de 8ª série. Parece-nos que é muito mais fácil para eles falarem de sexo do que de presídios. No momento da avaliação, essa orientação temática pode ser levada em conta. Por exemplo, se cada uma das três turmas de 8ª série de um determinado colégio receber um desses temas e se a direção quiser diagnosticar o rendimento das diferentes turmas – uma avaliação de sistema, portanto –, muito provavelmente a turma que receber o tema sobre sexo se sairá melhor, pois os argumentos estão na ponta da língua. Logo, para perspectivas avaliativas mais amplas, como as de sistema, a questão temática pode interferir nos resultados. Assim, a equipe responsável pela elaboração e estruturação da prova precisa considerar esses diferentes critérios teóricos.

    Quanto à formação do professor, o tema *sexo na adolescência* me fez recordar uma pergunta que me foi feita há um tempo: "Por que tem tanta indisciplina nas 7ªs e 8ªs séries (atuais 8ºs e 9ºs anos, respectivamente)?". A pergunta foi dificultada: "O que o professor tem de fazer?". Essas são definitivamente as perguntas mais ingênuas, mas as mais instigantes, daquelas que não saem da sua mente e você fica processando uma reflexão para entender e formular alguma resposta. Bom, além da questão da autoridade do professor, que focaremos na conclusão deste livro, há uma situação pontual nessa faixa etária que é a passagem da infância para a adolescência. Nessa fase, o jovem não sabe muito bem quem ele é, olha-se no espelho e não vê mais a criança que todos bajulavam nem o adulto a quem todos respeitariam. É como se fosse uma fase de "moratória", nos termos de Calligaris (2000, p. 15-16, grifo nosso):

> *Ele [o sujeito] se torna um adolescente quando, apesar de seu corpo e seu espírito estarem prontos para a competição, não é reconhecido como adulto. Aprende que, por volta de mais dez anos, ficará sob a tutela dos adultos, preparando-se para o sexo, o amor e o trabalho, sem produzir, ganhar ou amar; ou então produzindo, ganhando e amando, só que marginalmente.*
>
> *Uma vez transmitidos os valores sociais mais básicos, há um tempo de suspensão entre a chegada à maturação dos corpos e a autorização de realizar os ditos valores. Essa autorização é postergada. E o tempo de suspensão é a adolescência.*
>
> *Esse fenômeno é novo, quase especificamente contemporâneo. É com a modernidade tardia (com o século que mal acabou) que essa moratória se instaura, se prolonga e se torna mais uma idade da vida.*

Ou seja, falar de sexo para os alunos de 8ª série é mais fácil e significativo, pois faz parte dos atos marginais que a vida adulta ainda não lhes autorizou. Aí vem uma possível resposta para a pergunta sobre a indisciplina e sobre o que o professor pode fazer: ler sobre adolescência. É uma das fases mais intensas e interessantes da vida. O professor, munido de informações sociopsicológicas sobre seus companheiros adolescentes de sala de aula, se põe a contornar melhor sua condição e, consequentemente, a evitar problemas de indisciplina.

Voltando ao texto sobre sexo e suas anotações, há uma tentativa mais pontual de mostrar e nomear um problema: abre-se uma chave na margem esquerda do primeiro parágrafo e o problema ganha o rótulo de "incoerência". Vamos por partes. Coerente ele é, pois está numa situação comunicativa e o aluno é portador das habilidades cognitivas mínimas de construção de um texto. O que se verifica aqui é um conjunto de elementos anafóricos que ficam sem referência no texto, mas que têm como principal função evidenciar o jogo de citações que as leituras preliminares provocaram. Logo, é uma questão de discurso, autoria e autonomia do texto. E o que fizemos foi uma inferência que parte do princípio de interpretabilidade.

Observe que a listagem de problemas desenvolvida ao final do texto recupera o primeiro problema apontado no início de nossa exposição – o do distanciamento do problema e de sua terminologia. Novamente, o aluno precisa fazer a ginástica da localização. Ponto a menos para a correção. Além disso, o uso de termos como "expressões inadequadas", "coesão – coerência" e similares em nada contribui para um exercício linguístico autorreflexivo.

Um último exercício de correção que gostaríamos de apontar como problemático é o uso de **recursos "coringa"** (Ruiz, 2010), que, do ponto de vista linguístico-textual, não quer dizer absolutamente nada, a não ser que o leitor/professor tenha tido alguma dificuldade de compreensão ou interpretação do texto. São os famosos sinais de interrogação à margem do texto (?) ou expressões que em nada orientam ou, pior, só trazem mais uma pergunta tautológica para o aluno: "O que o professor quis dizer com 'o que eu quis dizer com isso'?" ou "O que ele não entendeu no (?)?". Ou seja, a correção vira uma tautologia só.

Conforme apontado por Ruiz (2010, p. 126), a própria dupla "coesão – coerência" pode engordar a lista de comentários inócuos do professor, que provoca nossa memória: "incoerente", "incompreensível", "sem pé nem cabeça", "refazer", "falta clareza" etc. Charolles (2002, p. 44) também trata do problema da anotação interrogativa "?". Segundo o autor, esse tipo de notação não tem "nenhum caráter técnico; traduz uma impressão global de leitura, uma dificuldade de apreensão geral". Mais taxativo ainda, o autor sugere que essas observações funcionam como índices de censura, como se o professor não dominasse os critérios de construção do texto do aluno, fazendo uso de normas, ditames ou práticas diretivas do tipo "refaça", "incoerente":

> *Quem se remete ao uso mais ou menos cego de uma ordem normativa não tem outro caminho a não ser a censura, fica condenado a 'não compreender' e rejeitar a anormalidade, ou na subnormalidade, tudo o que não está de acordo. Sem querer dizer, em relação à questão da coerência textual, que os professores chegam a tais extremos, é bastante significativo observar que quando perguntados sobre os alunos que cometem erros desse tipo, confessam-se sobretudo desarmados, evocam facilmente*

empecilhos intelectuais profundos ('ausência de espírito lógico', 'incapacidade de raciocinar'...) e só raramente fazem alusão ao meio familiar e cultural das crianças. (Charolles, 2002, p. 44)

Não estaríamos novamente tocando no problema moral da relação entre professor e aluno?

Vamos ver um exemplo de anotações "coringa" no Texto 3.9, produzido por um aluno na disciplina de Língua Portuguesa I do curso de Letras da Universidade Federal do Paraná (UFPR). A proposta era construir uma crônica sobre as primeiras experiências no curso superior. Como o aluno cursava paralelamente Direito, viu-se na possibilidade autobajulatória de diferenciar-se dos colegas de Letras.

Há, no Texto 3.9, um bom domínio de escrita e uma boa tese, acompanhada de sua reflexão. Claro, estamos na fase posterior ao funil pós-vestibular... Mas, por isso mesmo, e pelo fato de a disciplina de Língua Portuguesa I focar na leitura, produção e reflexão sobre textos, as correções podem ir bem mais longe do que os limites vagos das anotações "coringa". Por exemplo, o que a corretora quis dizer com "Tente ser menos generalizante"? Que expressões no texto evidenciam isso? Ou o problema é a explicitação do jogo crítico-argumentativo, licenciado pelo gênero *crônica*? Pelo princípio de interpretabilidade, estamos inferindo que a tese do texto é a de que "o curso de Direito já não é mais o mesmo". Se sim, ela não está explícita. E o aluno autor do texto tem condições de ir atrás dessa orientação.

Texto 3.9 – Crônica sobre as primeiras experiências no curso superior, com anotações "coringa" na margem e ao final – aluno de Língua Portuguesa I – curso de Letras

A Arte do direito.

A carreira jurídica é sem dúvidas uma das mais respeitadas e almejadas em nosso país. Creio que também o seja no mundo inteiro. Afinal de contas, em um Estado Democrático, principalmente os "sob a égide" do Direito, a figura dos juízes, dos promotores e dos advogados são essenciais. A própria constituição federal pátria dispõe sobre tal fato. *discursivo. vg?*

O curso é, indubitavelmente, apaixonante. A busca pela justiça, a defesa de uma tese, a vitória de argumentos, a proteção do Estado e dos interesses da sociedade são exemplos das glórias que se pode obter com o direito. Certamente foi por isso que optei por esta profissão; ingressei na renomada Faculdade de Direito de Curitiba, uma das mais tradicionais do Brasil.

Porém, já nos primeiros dias de aula (marcadas pelo formalismo extremo), pude perceber que nem tudo era como pensava. O direito com que tivera algum contato anterior, aquele clássico – criação dos romanos, o de Rui Barbosa, Moreira Alves, Pontes de Miranda, não existe mais, ou melhor, está dando seus últimos suspiros.

? Tudo isto teve sua origem na idade média e ganhou muita força contemporaneamente. À época do iluminismo, os pensadores pretendiam cientificar todo o seu estudo. O que, de fato, funcionou muito bem para a matemática, a física, a química, a biologia, enfim, as matérias em que o empirismo e os demais requisitos de uma ciência se encaixavam perfeitamente. Porém, quando se tratou das chamadas ciência humanas houve, ao meu ver, um "forçamento de barra". *o que vc quer dizer com isso?*

Não há empirismo nenhum em direito, afinal, como apregoa um de seus princípios, cada caso é um caso. Para cada conflito de interesse haverá uma resposta específica do Judiciário, a qual, é claro, para casos semelhantes tende a ser de igual forma. É o que diz o brocardo romano "Narra mihi factum, dabo tibi ius" – Narra-me os fatos que te darei o direito (em grosso modo).

Mudou-se, inclusive, e para meu completo desespero, pois detesto a expressão, a denominação do Bacharel em direito para Operador do direito. As faculdades, hoje em dia, limitam-se a formar técnicos em ciência jurídica que em nada acrescentarão à sociedade, em matéria jurídica, pois limitam-se a imitar o pensamentos dos doutrinadores e aplicar os entendimentos dos Tribunais, sem questioná-los.

Outro problema, que é decorrente deste primeiro, é a banalização do estudo do direito. Por ser um curso de fácil implementação e de baixo custo, juntamente com a grande demanda do "mercado consumidor", em cada esquina há uma Faculdade pronta para dar aos seus acadêmicos as habilidades técnicas suficientes. O pior é que tal fato é apoiado pelo governo, que, para aumentar seus índices perante a comunidade internacional, corrobora com esta situação.

É este, no meu entendimento, pode vir a ser o maior desafio para a sobrevivência da "arte" do direito. Mas não perdi as esperanças e luto para que mesmo com todos estes percalços, no fim, ao menos, a justiça prevaleça.

qual é o referente? Governo?

Tente ser menos generalizante.

FONTE: Acervo pessoal da autora.

Bom, até agora tratamos dos problemas das correções dos textos dos alunos, que podem ser resumidos em duas grandes categorias:

1. o distanciamento do comentário em relação ao lugar específico em que o caso em questão ocorre;
2. a semântica genérica e inócua dos comentários, que não dizem nada e trazem mais perguntas.

Nesse sentido, qual é a proposta para contornar esses problemas? A relativa ao primeiro problema é, aparentemente, mais simples: vamos aproximar os comentários do lugar linguístico de onde eles surgiram. A dica aqui não poderia ser mais simples: usar flechas (↶, →, →, ⇨) é muito mais interessante do que decodificações ou chaves amplas. E rotulamos essa saída como aparentemente simples porque o professor precisa efetivamente ter domínio total do que representa textualmente esse lugar para escolher o lugar certo de onde partir uma flecha. Só teoria resolve, naquele repetido caminho das conceituações entre discurso, sequências e opções gramaticais. Como roteiro para escolher melhor o lugar das flechas, propomos as seguintes perguntas:

- Apresenta problemas de controle de vozes dialógicas ou discursivas? Demonstra inoperância com vozes figurativas? Qual(is) é(são) o(s) efeito(s) de sentido pretendido(s)? (⊃ problemas de ordem discursiva);
- Apresenta problemas de organização textual referentes às sequências descritiva, narrativa, argumentativa, explicativa (e dialogal) do tipo articulação, tese implícita, argumentos

genéricos, personagens fracos, descrição sem aspectualização etc.? (➲ problemas referentes às sequências textuais);
* Contém expressões linguísticas inadequadas (ou não foram empregadas) ao propósito discursivo ou à composição textual do gênero, tais como falta de articulador de contradição, adjetivos e/ou outras palavras avaliativas para marcar uma tomada de posição e falta de adjetivos descritivos e expressões verbais de habitualidade na construção da situação inicial da narração? (➲ problemas de ordem gramatical).

Em suma, localizar o lugar de onde puxar a flecha indicativa do problema significa controlar todos esses parâmetros de construção do texto. Além disso, indicar descritivamente o problema também requer o controle da teoria de texto escolhida. Logo, para contornar o problema dos comentários semanticamente genéricos ou das anotações "coringa", a teoria de texto precisa ser controlada. Algo que vá além das inserções normativas ou dos comentários etéreos e genéricos que o aluno não entende, ou algo que represente realmente uma orientação significativa para a revisão do texto:

> Ora, o que são as correções-significação [e não as 'coringa'] senão solicitações de varredura textual? E o que são as operações de revisão que atendem a essas correções senão recursos de profilaxia, remédios para se curarem os "males" do texto?
>
> Sendo assim, por focalizarem aspectos que fogem a um controle tanto da forma de correção como da forma de revisão, as intervenções que não se limitam apenas a uma higienização

da produção são as temáticas, ou seja, as que atentam para os problemas de organização textual global.

Segundo nos mostram os dados aqui analisados, são as correções desse tipo que levam a uma reescrita de maior qualidade, isto é, a uma maior textualidade das produções finais dos alunos. (Ruiz, 2010, p. 162)

Seguindo a sugestão de Ruiz (2010), estamos propondo um caminho concreto para chegarmos à "organização textual global" e, no fim, à "textualidade das produções finais dos alunos", por meio do caminho "discurso – sequências – gramática". Tudo isso na dependência da reescrita. Vamos aos conceitos finais para orientar o trabalho nesse sentido: "reescrita *versus* reestruturação" e "correção retrospectiva *versus* correção prospectiva".

3.2.1 Reescrita *versus* reestruturação

Nenhuma prática de avaliação de textos, na perspectiva da aprendizagem ou da avaliação processual, faz sentido se não fizer uso das alternativas de reescrita ou de reestruturação. Estamos no ambiente de sala de aula, e não no olhar político das instituições administrativas de ensino público ou privado que objetivam levantar um diagnóstico de uma situação escolar de largas escalas. Não estamos fazendo, portanto, avaliação de sistema, mas avaliação de processo. Logo, precisamos avaliar o que fazemos em sala de aula, e não focalizar os antecedentes ou os resultados: o foco é a transição (Stake, 1976).

Nas opções metodológicas do ensino de língua, ou especificamente de produção de textos, a saída imperiosa é a reflexão sobre o próprio texto. Como bem aponta Antunes (2005), escrever não é simplesmente um ato de pegar o lápis ou o teclado e produzir algo significativo em algumas linhas; implica principalmente os atos anterior e posterior a esse, que levam, antes, à concepção estrutural do texto e à sua adequação à proposta discursiva e, depois, a práticas de revisão dessas estruturas textuais e de reflexão linguística que chegam às escolhas gramaticais.

De acordo com Antunes (2005, p. 37),

> [há] três grandes momentos para a atividade de escrever: o do planejamento (remoto e próximo), o da escrita propriamente dita e o da revisão. Consequentemente construir um texto escrito:
> - primeiro, é uma atividade que começa antes da tarefa mecânica de grafar;
> - segundo, inclui essa tarefa de grafar, de pôr no papel;
> - terceiro, é uma atividade que ultrapassa o momento da primeira versão.

Se nossa questão aqui é a avaliação, o terceiro momento é o que vai efetivamente demonstrar o que está sendo aprendido no processo de sala de aula. A opção metodológica central é a reescrita, que necessita fundamentalmente de boas anotações no texto.

É muito comum verificar alguns equívocos nesse sentido. No Capítulo 1, relatei minha insegurança ao avaliar os primeiros textos dos calouros do curso de Letras: Estaria avaliando a vida escolar deles ou o que eu projeto como habilidades de escrita requeríveis na experiência acadêmica (resumo, resenha, comentário, resposta de prova etc.)? Naquele momento, apontei para o fato de que a única alternativa que iria me reconciliar com o meu trabalho e com os objetivos pretendidos era avaliar o processo todo e só lançar alguma nota após a reescrita (claro, dos textos que dela necessitavam). Ou seja, nota de primeira viagem nós lançamos no processo seletivo do vestibular ou em um exame de avaliação de sistema. Não há como o aluno reescrever, e o objetivo avaliativo nem é esse.

> Para saber mais
>
> NOVA ESCOLA. **Produção de texto.** Disponível em: <http://revista escola.abril.com.br/producao-de-texto/>. Acesso em: 1 out. 2014.
>
> Nesse *link*, você encontra boas dicas e fundamentos da prática da reescrita, além de outras metodologias de ensino de língua.

Na sala de aula é diferente. A avaliação aqui consiste na verificação dos progressos observáveis. No entanto, há textos que precisam de alguns ajustes de controle discursivo, organização sequencial e adaptação gramatical, e outros que fogem completamente à proposta, precisando ser efetivamente recriados. É essa dupla possibilidade que diferencia **reescrita** de **reestruturação**. A primeira é uma atividade de reanálise sobre um trabalho já concretizado e orientado para adaptações com base em correções e anotações do professor. Já a segunda é a atividade de reorganização geral do texto, podendo o aluno aproveitar-se de algum trecho do primeiro texto. Na literatura, *grosso modo*, a reescrita está associada a mudanças que não afetam o sentido do texto, de superfície, enquanto a reestruturação liga-se à mudança de sentido, de conteúdo: "As mudanças que não acrescentam nem suprimem uma informação são ditas de superfície; as que afetam o sentido do texto e comportam ajustes ou supressões tocam o conteúdo" (Fabre-Clos, 2002, p. 98, tradução nossa).

Nos exemplos a seguir, referentes a textos de alunos de 3ª série (atual 4º. ano, entre 8 e 9 anos de idade) encaminhados ao programa de assistência pedagógica do Hospital de Clínicas (HC) da UFPR, em Curitiba, com o objetivo de receberem orientação de psicólogos, linguistas e médicos, há, para propostas de narração e opinião, respectivamente, um caso de reescrita (Texto 3.10) e um de reestruturação (Texto 3.11).

Texto 3.10 – Narrativa – caso de reescrita – aluno de 3ª série (4º ano)

Ôpa! Que desastre!...
Escreva um texto contando o que aconteceu antes e depois desta cena.

O Vinicius estava brincando de Bola i cansou mudo. O Vinicius buscou um suco ele saio corendo i derubou o suco male.

O vinicius estava brincando de bola com Rodrigo. Eles cansaram muito jogando bola. O vinicius buscou um suco ele saiu correndo e esperou numa pedra i derrubou o suco no Rodrigo.

PARABÉNS VINICIUS!

FONTE: Acervo pessoal da autora.

Observe que, na reescrita, o aluno posicionou suas linhas em paralelos retos e corrigiu questões de ortografia e convenções de escrita. Ele construiu a situação inicial da narrativa, mas não desenvolveu a situação final, que provavelmente levaria à moral final da narrativa. Logo, o exercício de reescrita mostrou efetivamente melhoras do aluno em relação ao seu texto.

Já no Texto 3.II, o caso está mais para reestruturação. Aqui, houve a construção de dois bons argumentos: não é certo caçar passarinhos com bodoque porque "poder machucar as pessoas" e porque "os animais são da natureza". Mas, para além das correções ortográficas, o formato da argumentação poderia ser orientado: "Vamos escrever uma primeira frase dizendo o que aconteceu" (a sequência de comandos da proposta sinaliza a estrutura argumentativa), "Depois, vamos mostrar tua opinião numa frase inteira que diga isso: 'Eu acho errado caçar passarinhos com bodoque porque...'" . Com essas orientações, o professor valoriza a voz independente do aluno, e não do enunciado. Resultado: o texto ganha autonomia e, consequentemente, controle discursivo e estrutural.

Logo, entre reescrita e reestruturação há uma escala de revisões que vão das menores para as maiores. Na reescrita estão os ajustes, e na reestruturação está a reformulação da estrutura discursivo-textual. No entanto, se ambas estão na mesma escala, ambas acompanham critérios teóricos de mesma ordem, que são os parâmetros definidores de "discurso – sequências – gramática". As duas, reescrita e reestruturação, igualmente dependem de anotações consistentes no texto. Vamos a elas na próxima seção.

Texto 3.11 – Texto opinativo de aluno – caso de reestruturação – aluno de 3ª série (4º ano)

— Nossa, veja o que aconteceu...
— Você acha certo caçar passarinhos com bodoque?
— Escreva um texto mostrando a sua opinião.

> Não porque poder machucar as pessoas. Não pode caçar porque os animais são da natureza. Não porque poder machucar as pessoas. Não pode caçar porque os animais são da natureza.
> PARABÉNS!

FONTE: Acervo pessoal da autora.

3.2.2 Correção retrospectiva *versus* correção prospectiva

Se a principal opção da prática avaliativa é a reescrita, as anotações nos textos dos alunos devem visar a esse resultado. Ou seja, as anotações devem levar o aluno a refletir sobre seu texto, a fazer escolhas gramaticais, a reformular opções estruturais, a substituir itens lexicais inadequados. Enfim, o que se deseja está no que está por vir, e não no que já aconteceu.

Segundo a terminologia de Antunes (2006, p. 166, grifo do original), as avaliações têm função retrospectiva ou prospectiva:

> *Qualquer avaliação não tem finalidade em si mesma nem acontece simplesmente para permitir que se saiba o estado de nossos empreendimentos. A avaliação constitui o ponto de referência para as decisões que precisam ser tomadas. Tem, assim, uma função* retrospectiva, *que sinaliza os achados feitos, e uma função* prospectiva, *no sentido de que nos aponta "como devemos prosseguir", o que fazer "daqui em diante", por "onde ir", "a que ponto voltar" etc.*

Todas as correções apresentadas até agora neste capítulo são retrospectivas. Precisamos inverter essa direção. Nesse sentido, as **correções devem:**

- sinalizar o local do problema, evitando a ginástica mental de adivinhação do aluno;
- nomear o problema na orientação de uma teoria de texto robusta (discurso – sequências – gramática), evitando anotações "coringa" ou divagações genéricas;
- orientar para a reescrita (ou reestruturação) em prospecção, evitando a inércia retrospectiva.

Nos textos cujas anotações forem analisadas nesta seção, vamos propor a inserção de comentários por meio de flechas ou chaves delimitatórias. Uma ressalva: são propostas, e não ditames do que deve ser escrito nos textos (lembre-se da **síndrome da ditadura curricular** que discutimos na "Introdução"). Cada texto, ou cada proposta de produção, suscita, por suas escolhas, as anotações mais pertinentes.

TEXTO 3.12 – OPINATIVO SOBRE OS DIREITOS DAS CRIANÇAS, COM ANOTAÇÕES PROSPECTIVAS PARA A REESCRITA – ALUNO DE 8ª SÉRIE (9º ANO)

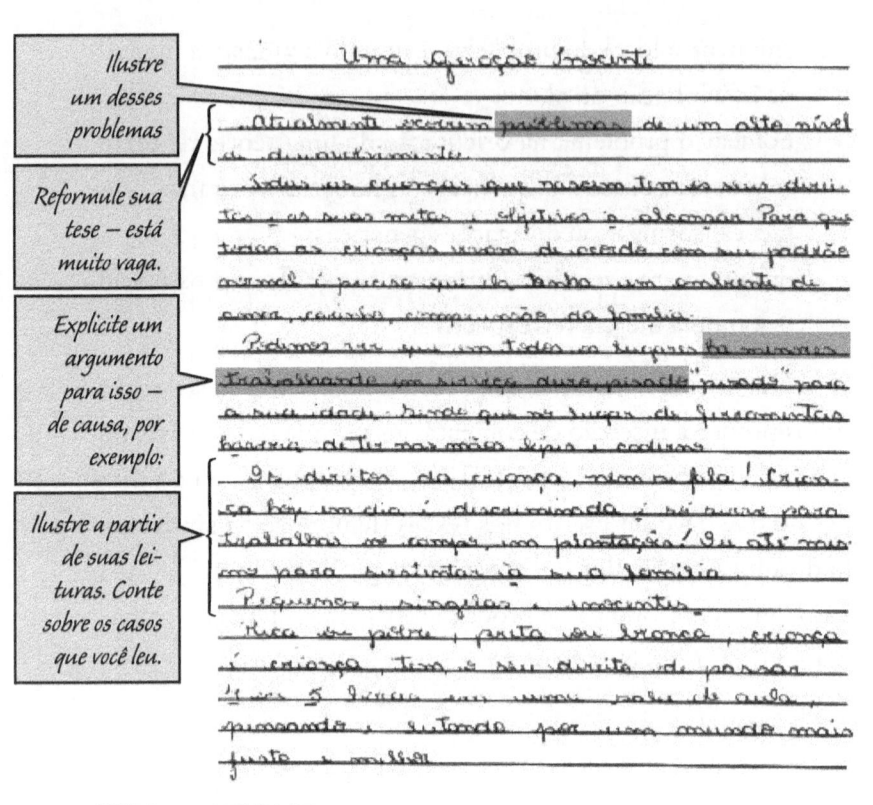

Anotações à margem do texto manuscrito:
- Ilustre um desses problemas
- Reformule sua tese – está muito vaga.
- Explicite um argumento para isso – de causa, por exemplo:
- Ilustre a partir de suas leituras. Conte sobre os casos que você leu.

FONTE: Acervo pessoal da autora.

Reorientar o texto a ilustrações mais concretas, no formato de argumentos e de explicitação de um fato motivador, pode resultar em uma visão menos vaga da realidade, fugindo do padrão "genérico" da dissertação escolar (um texto não pode ser comprado em uma farmácia, como um medicamento genérico, e a prática de reescrita pode evitar essa triste metáfora).

Vamos a um texto sobre a situação dos presídios no Brasil.

Texto 3.13 – Opinativo sobre a situação dos presídios no Brasil, com anotações prospectivas para a reescrita – aluno de 8ª série (9º ano)

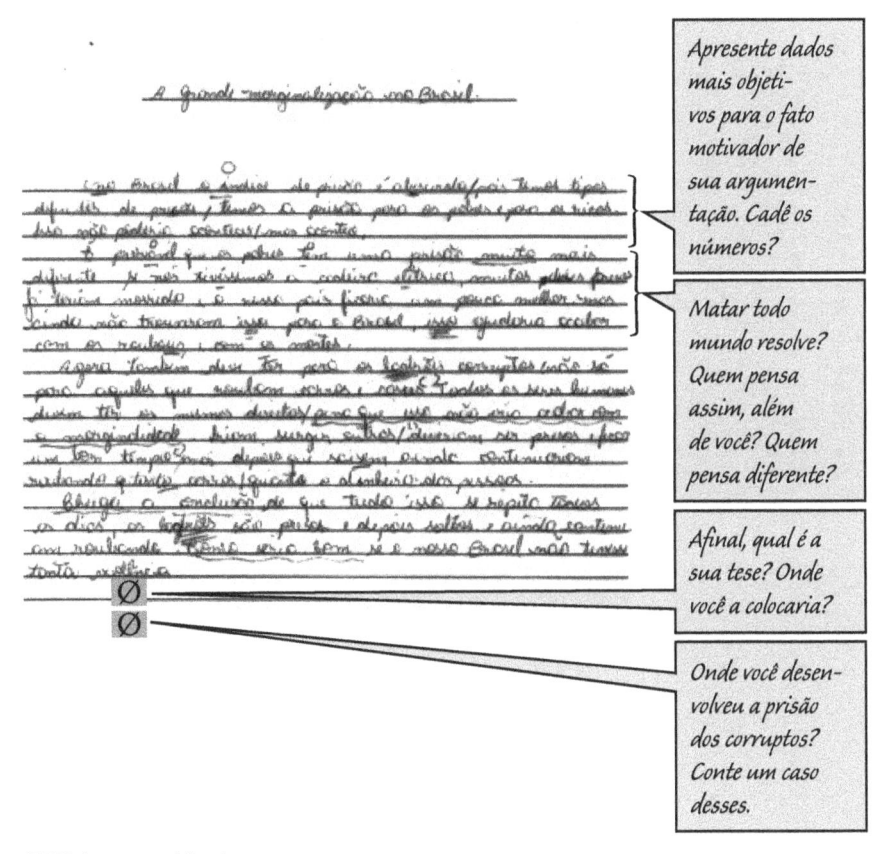

[Texto manuscrito do aluno com anotações da professora nas margens:]

- Apresente dados mais objetivos para o fato motivador de sua argumentação. Cadê os números?
- Matar todo mundo resolve? Quem pensa assim, além de você? Quem pensa diferente?
- Afinal, qual é a sua tese? Onde você a colocaria?
- Onde você desenvolveu a prisão dos corruptos? Conte um caso desses.

FONTE: Acervo pessoal da autora.

Na indicação de uma questão dialógica séria (sobre a pena de morte), o aluno pode ser motivado a (re)definir sua ideologia, minimamente controlando fontes de opiniões contraditórias sobre um assunto tão polêmico. Resultado: possibilitam-se os primeiros passos ao controle dialógico do texto, por meio de mecanismos enunciativos adequados, e, em última instância, possibilita-se a projeção de seu *éthos* na construção de vozes.

Por fim, vamos analisar possíveis anotações prospectivas no Texto 3.9 (já apresentado), produzido por em calouro de Letras.

Texto 3.9 – Crônica sobre as primeiras experiências no curso superior, com anotações prospectivas para a reescrita – aluno de Língua Portuguesa I – curso de Letras

A Arte do direito.

A carreira jurídica é sem dúvidas uma das mais respeitadas e almejadas em nosso país. Creio que também o seja no mundo inteiro. Afinal de contas, em um Estado Democrático, principalmente os "sob a égide" do Direito, a figura dos juízes, dos promotores e dos advogados são essenciais. *f.* própria constituição federal pátria dispõe sobre tal fato. *discorrer?* *ng?* [*Desenvolva melhor o seu argumento histórico para sustentar a tese de que o 'direito clássico' está acabando.*]

O curso é, indubitavelmente, apaixonante. A busca pela justiça, a defesa de uma tese, a vitória de argumentos, a proteção do Estado e dos interesses da sociedade são exemplos das glórias que se pode obter com o direito. Certamente foi por isso que optei por esta profissão; ingressei na renomada Faculdade de Direito de Curitiba, uma das mais tradicionais do Brasil.

Porém, já nos primeiros dias de aula (marcadas pelo formalismo extremo), pude perceber que nem tudo era como pensava. O direito com que tivera algum contato anterior, aquele clássico – criação dos romanos, o de Rui Barbosa, Moreira Alves, Pontes de Miranda, não existe mais, ou melhor, está dando seus últimos suspiros.

Tudo *isto* teve sua origem na idade média e ganhou muita força contemporaneamente. À época do iluminismo, os pensadores pretendiam cientificar todo o seu estudo. O que, de fato, funcionou muito bem para a matemática, a física, a química, a biologia, enfim, as matérias em que o empirismo e os demais requisitos de uma ciência se encaixavam perfeitamente. Porém, quando se tratou das chamadas ciência humanas houve, ao meu ver, um "forçamento de barra". [*'Tente ser menos generalizante': Explicite melhor sua tese.*]

Não há empirismo nenhum em direito, afinal, como apregoa um de seus princípios, cada caso é um caso. Para cada conflito de interesse haverá uma resposta específica do Judiciário, a qual, é claro, para casos semelhantes tende a ser de igual forma. É o que diz o brocardo romano "Narra mihi factum, dabo tibi ius" – Narra-me os fatos que te darei o direito (em grosso modo). [*Ilustre os 'requisitos de uma ciência'. O leitor fica "boiando".*]

Mudou-se, inclusive, e para meu completo desespero, pois detesto a expressão, a denominação do Bacharel em direito para Operador do direito. As faculdades, hoje em dia, limitam-se a formar técnicos em ciência jurídica que em nada acrescentarão à sociedade, em matéria jurídica, pois limitam-se a imitar o pensamentos dos doutrinadores e aplicar os entendimentos dos Tribunais, sem questioná-los.

Outro problema, que é decorrente deste primeiro, é a banalização do estudo do direito. Por ser um curso de fácil implementação e de baixo custo, juntamente com a grande demanda do "mercado consumidor", em cada esquina há uma Faculdade pronta para dar aos seus acadêmicos as habilidades técnicas suficientes. O pior é que tal fato é apoiado pelo governo, que, para aumentar seus índices perante a comunidade internacional, corrobora com esta situação. [*Recupere o 'consumismo' com uma expressão nominal. O leitor não consegue fazer isso sozinho.*]

E este, no meu entendimento, pode vir a ser o maior desafio para a sobrevivência da "arte" do direito. Mas não perdi as esperanças e luto para que mesmo com todos estes percalços, no fim, ao menos, a justiça prevaleça.

FONTE: Acervo pessoal da autora.

Logo, há um caminho desenhado para a correção do texto do aluno: aplicar o princípio de interpretabilidade, localizar as anotações, usar teoria para nomeá-las e provocar escolhas gramaticais consistentes, tudo na orientação prospectiva para a reescrita.

Pronto. Metodologicamente, estamos preparados. Vamos agora à parte mais difícil (que, no fim, torna-se a mais fácil): atribuir uma nota ao texto.

trêspontotrês
Como avaliar?

A avaliação que fazemos em sala de aula é de processo, ou de aprendizagem, e não avaliação de sistema (Provão antigo, Exame Nacional de Desempenho de Estudantes – Enade e provas amplamente distribuídas para a construção de diagnóstico escolar, conforme orientações do Sistema de Avaliação da Educação Básica –Saeb, do Ministérios da Educação – MEC) ou avaliação seletiva (vestibulares, seleção de emprego, ingresso em escola etc.).

Na recuperação dos conceitos subjacentes a escolhas avaliativas (Seção 1.3), a avaliação de aprendizagem é: a) **formal**, pois delimita recorte de objeto, objetivos e parâmetros valorativos; b) **de julgamento**, pois de alguma forma leva a algum resultado, na asserção de que o aluno está apto ou inapto a passar de ano, por exemplo; c) **de transação**, pois os dados estão focados no processo de aprendizagem, e não no histórico anterior do aluno e nem nos resultados que se esperam dele após o tempo de sala de aula; d) **de forte proximidade entre objetivos e realidade de sala de aula**, pois aqui a realidade é palpável e factível, ao passo que na avaliação de sistema ou seletiva esse hiato é inevitável; e) **de movimentos contingentes e congruentes**, pois o professor, na observação empírica em sala de aula, aproveita-se das duas situações para formular processos avaliativos.

Há uma observação importante em relação à lista de conceitos sobre avaliação de aprendizagem: se ela, em termos conceituais, se define por todos os cinco parâmetros citados anteriormente, é também **um exercício comparativo**. Ou seja, avaliar um texto de um aluno implica necessariamente valorá-lo em relação aos demais colegas da turma. Nesse sentido, a nota 7,0 que ele tira em um texto justifica-se, inclusive, em relação ao 9,0 tirado por outro colega ou ao 4,0 tirado por um terceiro. Daí a importância de a orientação escolar dividir de forma relativamente equitativa as turmas de uma mesma série (ano). Há também outro pressuposto geral, relativamente aceito entre os professores, segundo o qual uma turma caminha no seguinte rendimento: 50% de alunos medianos, 25% de alunos acima da média e outros 25% de alunos abaixo da média. Logo, o professor que fica orgulhoso de reprovar uma turma inteira (prática muito usual entre alguns acadêmicos) deveria preocupar-se com sua própria didática.

Mas essa distribuição "ideal" é naturalmente criada com base em práticas localizadas de um recorte temporal específico: cada escola, guardados os seus contextos históricos e sociais, apresenta tendências para mais ou para menos; cada turma, guardadas as suas condições contextuais, tende para mais ou para menos; e cada proposta de produção textual, guardadas as dificuldades e trabalhos metodológicas prévios, tende para mais ou para menos (a narrativa, por ser a estrutura de gêneros mais próxima à realidade de letramento dos alunos, tende a apresentar menos dificuldades).

Há, portanto, uma unidade (o aluno) e uma totalidade (a turma). A relação entre elas é o que vai definir a tendência de notas do indivíduo e do grupo. O conjunto de unidades e a sua totalidade são universais quantitativos, resgatados da lógica. Brøndal (1986), citado por Discini (2003, p. 31), reflete sobre esses conceitos e nomeia-os como *omnis* e *totus*: o primeiro é a reunião de indivíduos num grupo, enquanto o segundo é a totalidade que deixa de ver a unidade independente. Nos nossos termos: o conjunto dos alunos (os pontos reunidos) e a turma toda (o círculo que os unifica).

FIGURA 3.1 – O CONJUNTO (OS ALUNOS) E A UNIDADE (A TURMA)

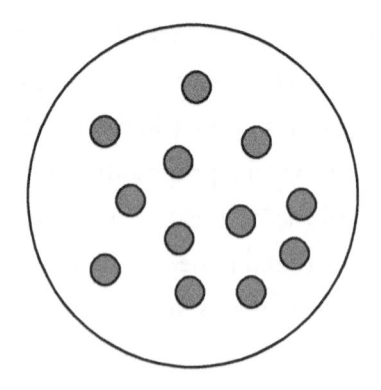

A relação entre *omnis* e *totus* é concretizada intuitivamente quando um professor opta por "ler" uma amostra de textos para "sentir" como será a avaliação da turma. Quem de nós, professores de língua, já não propôs uma produção textual logo no início do ano letivo para "sentir" como é a turma? Essa prática define, na própria orientação intuitiva do professor, qual será o perfil da turma (*totus*) em relação à valoração comparativa dos alunos (*omnis*).

Depois de tudo o que foi abordado até aqui, qual estratégia metodológica pode auxiliar o professor a visualizar essa relação?

Nesta seção, vamos propor um método de avaliação dos textos que, ao mesmo tempo que permite a variabilidade de critérios linguístico-discursivos de acordo com cada gênero textual proposto, permite igualmente a verificação das tendências de notas da turma, como se cada proposta textual pudesse resultar em um **mapa de notas** que sinaliza a tendência da turma. O método é a opção gráfica mais simples: uma **tabela avaliativa**.

Dado que estamos propondo o caminho "discurso – sequências – gramática" para a prática avaliativa de textos, o esqueleto básico de nossa tabela avaliativa se parece com a Tabela 3.1*.

---

* A concepção, elaboração e aplicação da avaliação descrita, no formato da tabela, foram compartilhadas com os professores Altair Pivovar (Educação – UFPR) e Maria Beatriz Ferreira (Universidade Estadual de Ponta Grossa – UEPG), durante os trabalhos do AVA-PR 2002. Agradeço aos colegas pela oportunidade de citar e divulgar nosso trabalho.

Tabela 3.1 – Tabela avaliativa de textos com os critérios relativos a discurso, sequências e opções gramaticais sinalizados

Critérios relativos a	Conceitos/notas											
	Precário			Razoável				Satisfatório				
Discurso												
Sequência textual												
	1	2	3	4	5	6	7	8	9	10		
Opções gramaticais												
Nota final												

Trataremos, agora, das principais orientações para a interpretação e uso da tabela.

1. O que é fixo e o que varia?

Os espaços com os conceitos "precário", "razoável" e "satisfatório" e com as notas "1" a "10" são fixos, quer dizer, podem ser utilizados para qualquer produção textual relativa a qualquer gênero; já os espaços em amarelo são mutáveis. Uma vez que a avaliação é processual e se concentra nos dados de transição, pelas teorias de avaliação que analisamos, os critérios relativos a discurso, sequências textuais e opções gramaticais devem ser decididos de acordo com cada situação de produção. Mas quem decide? O professor, o grupo de professores ou os próprios alunos. Por exemplo, nos gêneros de linha argumentativa, é importante o traço de controle dialógico do embate de ideias, sobretudo com alunos do ensino médio ou da educação de jovens e adultos (EJA). Isso também é relativo, pois, se o professor de 7º ano do ensino fundamental trabalhou leitura e discussão sobre a controvérsia argumentativa, ele pode inserir esse critério no campo horizontal do discurso: seu dado de avaliação é o de transição. Outro exemplo: se a proposta é uma produção descritiva de autobiografia e o professor trabalhou minimamente efeitos de sentido como humor e ironia, os critérios de estilo e controle de linguagem figurada podem aparecer. Isso se justifica fundamentalmente pelo fato de realidade e objetivos estarem muito próximos na avaliação processual, ao contrário do que acontece na avaliação de sistema ou na avaliação seletiva.

Quanto aos critérios relativos às sequências textuais, os parâmetros teóricos do Capítulo 2 nos apontam o que avaliar: as opções de estruturação dos gêneros textuais. Ou seja, para a argumentação, as disposições de um fato, os argumentos, a tese e a antítese são centrais – obviamente, se o professor trabalhou tudo isso em sala de aula na mesma proporção em que se quer avaliar. Para a descrição, os critérios de tematização, aspectualização e relação poderiam idealmente aparecer, e assim por diante, considerando-se as leituras e o nível de profundidade inclusive dos estudos relativos à explicação, à narração e à construção dialogal.

Quanto aos critérios de opções gramaticais, novamente o andamento metodológico da turma orienta as escolhas. Mas é importante salientar as questões de articulação, construção lexical, referenciação, construção de períodos/pontuação e os demais fatores gramaticais de adequação à norma culta.

2. A direção da avaliação: de cima para baixo

De posse do conjunto de textos dos alunos de uma determinada proposta textual, a alternativa mais eficaz para o uso da tabela avaliativa é, primeiramente, numerar os textos. O número de cada aluno percorrerá cada linha em branco da tabela. Eles estarão dispostos inicialmente de acordo com os conceitos relativos ao discurso e às sequências e, posteriormente, de acordo com os limites de notas de 1,0 a 10,0 em que eles se encaixarem. Se houver 22 alunos na turma, haverá 22 números (de 1 a 22) dispostos em cada linha. O texto de número 1, por exemplo, se receber todos os conceitos satisfatórios, terá as avaliações de opções gramaticais na fronteira entre o 8,0 e o 10,0. Ficará no 8,0 se tiver muitos problemas formais e no 10,0 se tiver todas as escolhas formais felizes. Já um texto de número 2, por exemplo, se receber três conceitos satisfatórios e um conceito razoável na parte de cima, terá as avaliações de opções gramaticais na fronteira entre o 7,0 e o 9,0. Tende para o 7,0 se estiver formalmente complicado e para o 9,0 se estiver formalmente bem escrito.

Logo, há um caminho que cada texto percorre, na indicação de seu número, sendo avaliado em todos os critérios que foram decididos pelo professor (em conjunto com a turma).

Mais do que uma sacada de avaliação dos alunos (*omnis*) e da turma como um todo (*totus*), o percurso que o texto faz ao ser avaliado na tabela sinaliza a própria concepção de texto e linguagem que desenvolvemos no Capítulo 2: do discurso para as opções formais, na intermediação das estruturas textuais de natureza sociocognitiva, o ato da linguagem pressupõe esse caminho – em sua dinâmica dialética.

Há também outro pressuposto na direção de cima para baixo da tabela que as teorias de texto e as orientações metodológicas de leitura e produção defendem: "[o trabalho do analista de texto] será sempre um estilo de trabalho 'top-down' e de idas e vindas da situação ao texto e nunca um estilo 'bottom-up' de descrição exaustiva e paralela de textos, para depois, colocá-los em relação com aspectos da situação social ou de enunciação." (Rojo, 2005, p. 199).

Ou seja, tanto na base filosófica quanto na base de orientação teórica da área, a ideia é que o discurso e as modulações cognitivas vêm antes e as escolhas linguísticas vêm depois.

3. Disposição visual das avaliações

Um alerta importante a fazer aqui é sobre os limites entre as avaliações do primeiro grupo, orientadas por conceitos, e as avaliações do segundo grupo, orientadas por notas de 1,0 a 10,0. A ideia é que as avaliações de cima restrinjam os julgamentos formais dentro de um determinado limite: um texto bem escrito, mas que não responde à proposta do gênero, não pode tirar mais do que 7,0. Por outro lado, um texto formalmente sofrível, mas que responde à sequência e à proposta do gênero, igualmente não pode ser penalizado com um 3,0. O sentido é de cima para baixo; logo, no nosso jargão, o conteúdo (discurso e sequências) dispõe a nota para o grupo dos precários, dos razoáveis e dos satisfatórios. Um texto precário não passa de 4,0, um razoável não passa de 7,0 e um satisfatório não pode cair nas notas baixas só por problemas formais (esses casos são raríssimos, bem sabemos).

No entanto, como foi sinalizado anteriormente, as fronteiras não precisam ser necessariamente os limites fixos dos grupos "1 a 4", "5 a 7" e "8 a 10". Repetindo: um texto de número "n", por exemplo, se receber três conceitos satisfatórios e um conceito razoável na parte de cima, terá as avaliações de opções gramaticais na fronteira entre o 7,0 e o 9,0. Tende para o 7,0 se estiver formalmente complicado e para o 9,0 se estiver formalmente de acordo. Logo, as fronteiras para a avaliação formal são mais plásticas do que a tabela sugere. Além disso, se o aluno quiser checar os problemas do seu texto, ele poderá consultar a tabela e analisar a disposição do seu número. Se o professor quiser comparar rendimentos em turmas diferentes, poderá analisar geograficamente as tabelas das duas.

Enfim, a tabela é um "maquinário" interessante para que seja possível concretizar tanto os pressupostos teóricos aqui defendidos quanto as práticas sugeridas para o professor – que, com base em propostas concretas como essa, podem ser menos idealizantes do que se supunha.

Vamos ver como ficam essas orientações em exemplos concretos. Nossa opção será dividi-los em propostas de gêneros variados, de acordo com as estruturas sequenciais desenvolvidas – narração, descrição, argumentação, explicação e diálogo. Todos os textos foram coletados de propostas textuais aplicadas com alunos da EJA-PR, entre os anos de 2006 e 2009[*].

---

[*] Agradeço imensamente às professoras Rosângela Nagima e Relindes Ianke, da EJA-PR à época, pela oportunidade de divulgar o trabalho que desenvolveram.

> ## Importante
>
> Outros gêneros, como propaganda, poesia, reportagem, entrevista e receita culinária, e outros tantos propósitos comunicativos da nossa vida cultural letrada também podem ser explorados e avaliados. É só o professor modelar a tabela avaliativa de acordo com os critérios pertinentes.

Textos de narrativa sobre experiência no trabalho

Nesta proposta, os alunos foram solicitados a escrever uma história sobre alguma experiência do trabalho.

Texto 1

Jarell maura machado

Bom a minha trageteria começou em 1974 quando fui morar com um tiu na cidade de araucaria para trabalhar na lavoura fiquei por la uns 2 anos depois vim para curitiba morar com minha irma Comecei a trabalhar como camelo no centro de curitiba vendendo pipoca espetinhos foi quando conheci um homem de nome toniko mais conhecido como carigo ele trabalhava em uma Panificadora e meconvidou para trabalhar com ele mais eu rezisti mais de mezes e ele insistindo para que eu fose trabalhar nessa panificadora e eu fui chegando la eu fui apresentado para uma pesoa chamado orzilio era 20 de outubro de 1976 carregamos o taita e seguimos para a entrega com ele apprendi munto trabalhei uns 2 anos mais como a impreza era do irmão dele o seu Jose resolveu que eu fose trabalhar com ele ese homem me ajudou munto inclusive a ter os meus documentos ele me ajudou tirar até carteira de abilitação ele foi o meu segundo pai.

FONTE: Acervo pessoal da autora.

Texto 2

Trajetória de trabalho

Tudo começou quando eu tinha mais ou menos uns quatorze anos de idade. Eu parei os estudos para ajudar minha família na renda familiar. Comecei trabalhando com uma oficina de lotação e pintura de veículos, lá eu trabalhei uns 5 meses, depois sai de lá e fui trabalhar no ramo de lanchonete. Trabalhei uns algumas, e depois fui para o mercado Walmart lá eu fiquei alguns meses. Depois trabalhei por conta e logo entrei na empresa em que estou hoje, lá faz em 6 meses, e eu estou feliz com o meu trabalho, eu pretendo concluir os estudos e conseguir um cargo mais elevado e assim ganhar mais dinheiro, a família me ajudou, e eu acho que foi difícil, mas valeu a pena, pois eu aprendi diversas coisas, e sei que ainda vou aprender muito mais. Pois é uma nova profissão que estou exercendo, e lá eu tenho a chance de conseguir ser promovido, mas para isso eu preciso mostrar qualidade e eficiência.

FONTE: Acervo pessoal da autora.

Texto 3

Um momento de aflição

Certo dia em meu local de serviço, houve um jantar. Mas acabei não avisando minha esposa desse jantar. Aí fiquei. Fui mais tarde para casa. Quando cheguei aí o bicho pegou. E ela me perguntou:
— Por que você não me avisou que ia ficar nesse jantar?
E respondi.
— Eh! pensei que você não iria ficar brava, por que logo voltaria.
E ela me respondeu:
— Vê se você outra vez me avise, para que eu também vá num jantar.
E respondi.
— Tudo bem não farei mais isso, para não ocasionar, mais brigas, certo?!
Ela me respondeu:
— Tudo bem.

FONTE: Acervo pessoal da autora.

Texto 4

> Problemas mecânicos
>
> Como sempre, chego no meu local de trabalho, bato meu cartão ponto, comprimento meus colegas e vou pro minha máquina.
> Comecei o trabalhar, eu corto laminadas de madeira, tenho um ajudante que se chama Silvio. Eu percebi que ele estava nervoso pois é novato.
> Eu respondi: Calma não precisa ficar assim nervoso, fui até Pedro, Pedro é o mecânico chefe.
> — Bom dia meu Pedro, respondeu-me ele:
> — Bom dia Tiago, O que aconteceu que você não está em sua máquina? Respondi que minha máquina havia quebrado. Porém ele ficou furioso, foi logo resmungando que eu teria ter mais cuidado pois a máquina é cara. meus outros colegas ouviram e responderam: que se havia um problema ele estava lá pro resolver senão não precisaria de mecânico. Ele pediu-me desculpas e falou:
> — Desculpe-me minha grosseria colega, é como os outros disseram, se não tivesse máquina que quebrasse eu não estaria aqui.
> Solucionado o problema começamos novamente nosso trabalho até o final do expediente. Amanhã será outro dia, se Deus quiser, sem máquina pra quebrar!.

FONTE: Acervo pessoal da autora.

Observe que a proposta de narrativa sobre experiência profissional ganhou ares de relato de experiência, como um texto descritivo de acontecimentos: os fatos simplesmente se encadeiam no tempo, com alguma relação de aspectualização. O que esperaríamos de uma narrativa, sobretudo se foi trabalhada em sala de aula? A sequência "situação inicial – ações – complicação – solução – moral final". O Texto 4 é o que está mais bem estruturado nesse sentido. Esperaríamos igualmente o controle discursivo das vozes do narrador e dos personagens. Se o conteúdo e o efeito da "moral final", mesmo que implícita, foram efetivamente discutidos em sala, isso pode entrar como um item na tabela. Nesse contexto, o Texto 3 mereceria ser encaminhado para reestruturação, enquanto os Textos 1 e 2 passariam pela reescrita.

No desdobramento gramatical, podem ser avaliados critérios como delimitação e articulação temporal, pontuação, introdutores de fala, concordância e ortografia/acentuação.

Com base na definição prévia dos critérios, a tabela para o gênero *narrativa de experiência profissional* pode ser elaborada com os critérios apresentados na Tabela 3.2, e os números dos Textos 1 a 4 podem ser avaliados conforme a disposição desenhada.

Tabela 3.2 – Tabela avaliativa: Avaliações de texto narrativo sobre experiência profissional

Critérios relativos a	Conceitos/notas		
	Precário	Razoável	Satisfatório
Discurso: controle de vozes – entre narrador e personagens		1 2 3	4
Sucessão de eventos no tempo	3	1	2 4
Desenvolvimento para uma complicação (clímax) e sua solução	1 2	3	4
Construção da mensagem moral final		1 2 3	4

	1	2	3	4	5	6	7	8	9	10
Articulação temporal					3	1	2		4	
Introdutores e marcadores de fala					1 3	2				4
Pontuação				1	3		2		4	
Regras gramaticais (concordância, ortografia etc.)					1 3	2		4		
Nota final					3	1	2		4	

Textos de descrição sobre dados de opções de lazer da turma

Nas atividades que antecederam à proposta, os alunos trocaram perguntas para levantar o quadro etário da turma. O formato explicativo foi solicitado.

Texto 1

Escolhas.
a. *televisão*
b. *cinema* 17
c. *passeio* 17
d. *leitura* 5
e. *não tem momento de lazer*
f. *festas com amigos* 21

Baseando-se nos dados do gráfico acima, vemos que os jovens de hoje, têm a preferência de estar em presença dos amigos. Mas nestes casos, não pensam nas consequências como, a bebida descontroladamente o que leva a misturar direção e álcool, que tragicamente, às vezes amigos estão juntos, e acaba com morte de jovens em plena "auge" da vida.

Enquanto não houver conscientização, o número de mortes só irá aumentar.

FONTE: Acervo pessoal da autora.

Texto 2

Foi levantada uma pesquisa sobre o que a maioria dos jovens passam fazendo em seus momentos de lazer, então o que sobrou com os votos do público jovem foi as festas com os amigos tanto em "Baladas", sorveterias, lanchonetes, e etc. Como em casa.

FONTE: Acervo pessoal da autora.

Texto 3

TRABALHO

Em uma pesquisa realizada na sala de aula do 3º C notunorto do Colégio Dr. Eduardo Virmond Suplicy referente aos momentos de lazer, no caso, quais eram os preferidos, constatou-se que mais de 50% dos entrevistados preferem festas com amigos, uma boa quantidade gosta de passeios e cinema e uma minoria gosta de leitura. Ninguém votou no tema "TV", isso nos passa automaticamente, a ideia de que televisão não é considerado momento de lazer.

FONTE: Acervo pessoal da autora.

A estrutura da descrição foi motivada nessa proposta pelo levantamento de dados quantitativos em pesquisa com os colegas de turma sobre as preferências de lazer dos alunos. A professora enfatizou que os gêneros que simplesmente descrevem resultados numéricos – como relatório de experiência em laboratório nos cursos técnicos e superiores, relatório estatístico de organismos de pesquisa (Instituto Brasileiro de Opinião Pública e Estatística – Ibope, DataFolha etc.) – não trazem opinião. Os textos que trazem opinião e discussão sobre os dados são as análises, os artigos, os comentários políticos, sociais etc. No trabalho de leitura, os alunos verificaram que há uma organização do texto caracterizada por listar as informações por partes (aspectualização).

Com relação a aspectos gramaticais, o ponto mais relevante aqui é que o aluno controle a atemporalidade do tema e da perspectiva descritiva em questão. Além disso, a articulação entre as informações é igualmente relevante: o aluno não pode relacioná-las com uma ideia de causa, por exemplo.

Pronto! Já temos os critérios para a descrição e as avaliações dos Textos 1 a 3. O Texto 2 seria tipicamente um exemplo para reestruturação.

TABELA 3.3 – TABELA AVALIATIVA: AVALIAÇÕES DE TEXTO DESCRITIVO SOBRE PREFERÊNCIAS DE LAZER DA TURMA

Critérios relativos a	Conceitos/notas		
	Precário	Razoável	Satisfatório
Discurso: citação da fonte da pesquisa	2		1 3
Apresentação do tema	2		1 3
Detalhamento das informações (aspectualização)		2 3 1	
Relação entre as informações		2	1 3
Controle da opinião		2 1	3

	1	2	3	4	5	6	7	8	9	10
Articulação das informações		2						1	3	
Perspectiva atemporal			2					1	3	
Pontuação			2					3 1		
Regras gramaticais (concordância, ortografia etc.)			2				1		3	
Nota final			2					1	3	

Textos de argumentação sobre disparidades raciais no Brasil

Os gráficos que motivaram a proposta foram extraídos do seguinte artigo:

KENSKI, R. Vencendo na raça. **Superinteressante**, São Paulo, ed. 187, p.42-50, abr. 2003. Disponível em: <http://super.abril.com.br/historia/vencendo-raca-443755.shtml>. Acesso em: 18 nov. 2014.

Os alunos foram solicitados a emitir uma opinião sobre o tema e os números presentes nos gráficos.

Texto 1

> Brasil dividido
>
> CEEBJA C 4 11 - Campo Mourão
>
> Na minha opinião, sempre foi assim os brancos tem mais vantagem em tudo no estudo, no trabalho, no viver.
> Se a gente não mudar sempre vai acontecer discriminação na sociedade.
> Nós não deveríamos tratas os nossos irmãos desta maneira, porque somos todos filhos de Deus, não faz distinção de nem um filhos seu.
> Por isso que temos de ser mais unidos em tudo, principalmente com os. Com os nossos irmãos mais pobre e negros que, precisamos dar atenção. E também os políticos e a sociedade toda, dar mais oportunidade a está pessoa.
> Para isso acontecer, e precisamos ter amor no coração.

FONTE: Acervo pessoal da autora.

Texto 2

Brasil Preconceituoso

A discriminação no Brasil é muito grande. A população se divide em 46% de pessoas negras e pardas e 54% brancos. A probalidade de ser pobre é 98% para negros e pardos e 22% brancos, a diferença é grande e o preconceito também.

O status do emprego em relação aos brancos aos dos pais 33,1% igual, 13,5% descendente, 52,5% ascendente. Aos negros e pardos 42% igual, 14% descendente e 44% ascendente.

São 17% negros que não tem carteira assinada e 17% negros e pardos.

A taxa de analfabetismo 18% negros e pardos e 8% brancos, a renda é + baixa para pessoas de cor, eles não tem oportunidade, são excluídos da sociedade.

Por esses cálculos podemos ver que os brancos tem muitas regalias, podemos dizer que não existe preconceito e racismo?

FONTE: Acervo pessoal da autora.

Texto 3

> **Brasil dividido**
>
> No nosso país mesmo sendo crime há muito racismo.
>
> Pessoas de cor são tratadas de maneira diferente e são discriminadas, tanto no trabalho como na vida social. Precisamos mudar essa maneira de ser em relação as pessoas de cor negra porque na pele podemos ter cor diferente, mas por dentro somos todos iguais, sentimos amor, ódio, dor, saudade, etc. Todos seres humanos são iguais, nascem, vivem e morrem. Dessa terra não levam nada, por isso não devemos querer ser mais que outras pessoas por terem cor diferente ou mesmo condições melhor de vida.
>
> Temos que pensar melhor nos ensinamentos de Deus, porque para Ele somos todos iguais.

FONTE: Acervo pessoal da autora.

Com base no texto selecionado, a professora elaborou um material com dados estatísticos sobre a discriminação entre negros e brancos no Brasil, citando a fonte usada, e o distribuiu entre os alunos.

MATERIAL PREPARADO PELA PROFESSORA DA EJA-PR PARA APLICAR A PROPOSTA DE TEXTO ARGUMENTATIVO SOBRE A DISCRIMINAÇÃO RACIAL NO BRASIL

BRASIL DIVIDIDO Dependendo da cor, o país pode ser bem diferente		
	NEGROS E PARDOS	BRANCOS
Porcentagem da população	46%	54%
Renda per capita média	205 reais	482 reais
Taxa de analfabetismo	18%	8%
Média de anos de estudo	4,7	6,9

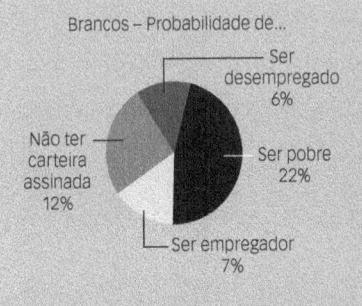

Brancos – Probabilidade de...
- Ser desempregado 6%
- Não ter carteira assinada 12%
- Ser pobre 22%
- Ser empregador 7%

Negros e pardos – Probabilidade de...
- Não ter carteira assinada 17%
- Ser desempregado 7%
- Ser pobre 48%
- Ser empregador 3%

Brancos – *status* do emprego em relação ao dos pais
- Igual 33,1%
- Descendente 13,5%
- Ascendente 52,5%

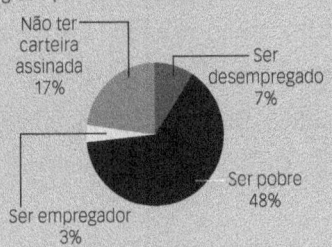

Negros e pardos – *status* do emprego em relação aos pais
- Igual 42%
- Descendente 14%
- Ascendente 44%

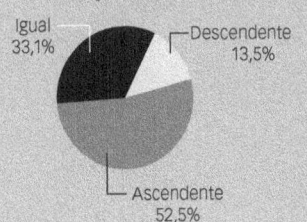

FONTE: Elaborado com base em Kenski, 2003, p. 42-50.

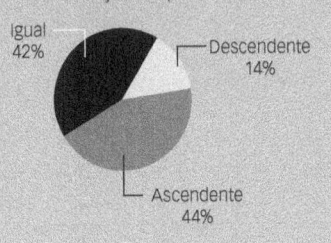

Muito mais do que simplesmente promover um trabalho de contextualização ou de introdução do tema ao aluno, as estatísticas apresentam o fato sobre o qual se fará um juízo de valor e com base no qual se construirão, por inferências, os argumentos. Logo, há uma voz, a fonte da pesquisa, que deve ser trazida ao texto.

Fundamentado em leituras de outros textos, o reconhecimento de argumentos foi trabalhado e discutido. Além disso, o fundamento da controvérsia argumentativa – elemento fundamental da argumentação – também foi explicitado.

Para a gramática sustentar toda a complexidade da estrutura argumentativa, a articulação da contradição e o desenvolvimento dos argumentos podem funcionar minimamente como critérios. Além disso, expressões avaliativas (entre adjetivos, advérbios, verbos e substantivos) para marcar opinião passam a ser um requisito. Obviamente, as marcas de controle da norma-padrão aparecem também. O resultado é a Tabela 3.4, referente à argumentação sobre disparidades raciais no país.

Tabela 3.4 – Tabela avaliativa: Avaliações de texto opinativo-argumentativo sobre a discriminação racial no Brasil

Critérios relativos a	Conceitos/notas		
	Precário	Razoável	Satisfatório
Discurso: citação da fonte da pesquisa e controle da voz opinativa	1 4	2 3	
Formulação de uma avaliação		1 3 4	2
Construção de argumentos	3	1 2 4	
Construção da controvérsia argumentativa	1 2 3 4		

	1	2	3	4	5	6	7	8	9	10
Articulação dos posicionamentos				4	1 3		2			
Articulação de argumentos				4	1 3		2			
Pontuação					1		3 4	2		
Regras gramaticais (concordância, ortografia etc.)					1	3 4		2		
Nota final					1 4	3		2		

Textos explicativos sobre a faixa etária da turma

Aqui, os dados sobre a faixa etária dos alunos foram levantados e os alunos leram textos que exemplificavam a sequência explicativa. A justificativa para o quadro etário foi solicitada em formato de texto.

Texto 1

> A necessidade de estudar. 09/11/05
>
> Nesta sala de aula predomina a idade entre 21 a 0 anos.
>
> Os jovens que quando chega essa faixa etaria come a a ter mais responsabilidade muitas vezes tem filho se a necessidade de ter um bom emprego.
>
> O estudo acaba deixando de lado boas oportunidade hoje todo trabalho exige estudo, e ai vem o interese de estudar fazer cursos e a cada vez mais se aperfiçoar.
>
> Por esse motivo que os jovens não tiveram oportunidade de estudar e optaram pelo Ceebeja para concluir os estudos mais rapido por esse motivo estamos todos estudando para o dia de amanhã estarmos mais preparados pro futuro melhor.

FONTE: Acervo pessoal da autora.

Texto 2

A fome e o desemprego estão obrigando meninos e meninas de quatro anos de idade a trabalhar mais de dez horas por dia como bóias-frias da colheita de algodão do município de Querência do Norte.
Os ônibus da colheita são reunidos pelos chamados gatos encarregados de providenciar os trabalhadores.
Ele nos cobra que o Natal, nunca foi o fio e escalo. Entre os poucos prazeres que conhece, está o de tomar sorvete.

FONTE: Acervo pessoal da autora.

Texto 3

→ Bem eu acho que na minha sala, tem mais gente de 21 a 30 anos.
Porque geralmente e´nesta faixa de idade que homens e mulheres voltam a estudar. Para melhorar de vida no trabalho, e também para realizar algum sonho de se formar em alguma profissão que a pessoa gosta.
E também um pouco para preencher a vida e conhecer pessoas, se relacionar ou derrepente achar alguém para namorar.

FONTE: Acervo pessoal da autora.

A proposta era semelhante à da descrição sobre as preferências de lazer da turma. Só que aqui a professora enfatizou a necessidade de o texto apresentar uma explicação para a informação, uma opção metodológica muito produtiva, calcada na comparação entre propósitos comunicativos – e, portanto, gêneros – diferentes. Na descrição, a intenção é a apresentação de informações, enquanto, na explicação, o propósito é justificar, explicar ou fundamentar uma informação. A informação foi igualmente coletada com base no levantamento da idade dos colegas de turma. Além disso, nas leituras prévias, a professora enfatizou a ausência de opinião nesses gêneros textuais (divulgação científica, análise de dados estatísticos etc.).

Os alunos foram felizes nessa proposta. Os Textos 1 e 3 formularam efetivamente uma justificativa para os dados coletados em sala. Por outro lado, o Texto 2 inclinou-se para a opção genérica de dissertação – um caso para reestruturação.

Como aspectos gramaticais pertinentes, fica evidente a necessidade de o texto explicitar relação de causa por meio de articuladores ou expressões com esse fim. Além disso, claro, o texto precisa citar a fonte das informações: a pesquisa em sala de aula.

A tabela avaliativa para a explicação fica formulada como a que segue.

TABELA 3.5 – TABELA AVALIATIVA: AVALIAÇÕES DE TEXTO EXPLICATIVO SOBRE A FAIXA ETÁRIA DA TURMA

Critérios relativos a	Conceitos/notas		
	Precário	Razoável	Satisfatório
Discurso: citação da fonte dos dados	2		13
Apresentação da questão	2		13
Apresentação da explicação	2		13
Controle da opinião	2	13	

	1	2	3	4	5	6	7	8	9	10
Articulação de causa	2					3		1		
Pontuação		2						3	1	
Regras gramaticais (concordância, ortografia etc.)		2						1	3	
Nota final		2						3	1	

Texto em diálogo entre vendedor e vizinho de loja

Nesta proposta, foi solicitado aos alunos que transcrevessem uma fala gravada entre um morador e o gerente de uma loja cuja publicidade utilizava som em alto volume.

TEXTO 1

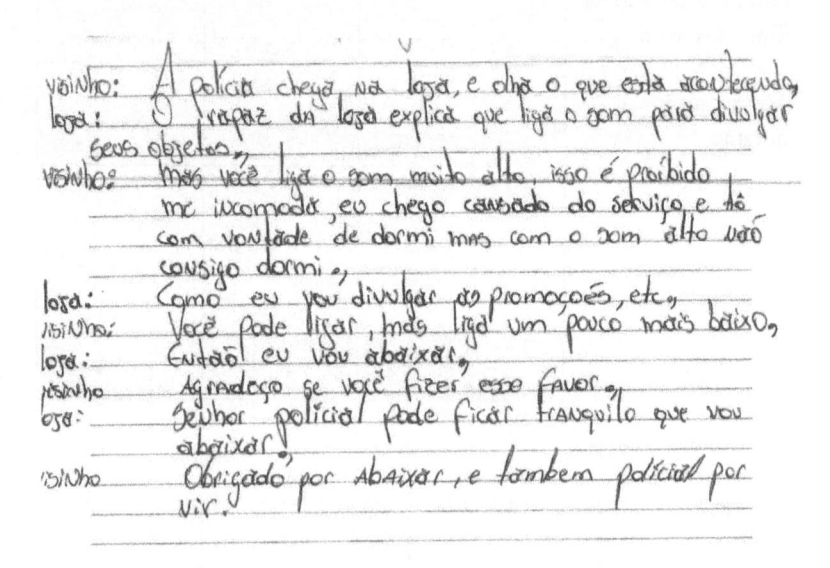

> vizinho: A polícia chega na loja, e olha o que está acontecendo.
> loja: O rapaz da loja explica que liga o som para divulgar seus objetos.
> vizinho: Mas você liga o som muito alto, isso é proibido, me incomodar, eu chego cansado do serviço e tô com vontade de dormi mas com o som alto não consigo dormi.
> loja: Como eu vou divulgar as promoções, etc.
> vizinho: Você pode ligar, mas liga um pouco mais baixo.
> loja: Então eu vou abaixar.
> vizinho: Agradeço se você fizer esse favor.
> loja: Senhor policial pode ficar tranquilo que vou abaixar.
> vizinho: Obrigado por abaixar, e também policial por vir.

FONTE: Acervo pessoal da autora.

Texto 2

Infligindo a lei.

Em uma pequena cidade um revendedor de automóveis tem como destaque o som alto para chamar atenção de seus clientes.

Seu vizinho, um homem que trabalha o dia inteiro, chegando em casa cansado se incomoda com o som alto, sabendo das leis resolveu ir conversar com o revendedor.

Chegando lá conversou calmamente com o proprietário, explicando das leis e que poderia ser preso por poluição sonora. O revendedor começou a se revoltar, pois aquele era o único jeito de conseguir vender. O homem já cansado, decidiu ajudá-lo. Deu novas idéias para uma boa venda.

Depois de muito discutirem, decidiram enfeitar a sua garagem e colocar umas boas promoções, sendo assim o revendedor conseguiu aumentar a sua empresa e o seu vizinho descansar em paz.

FONTE: Acervo pessoal da autora.

Texto 3

— Venham conferir nossas promoções, sons a partir de R$ 500,00! Tô só aqui na Sonstronic!

— João Carlos por favor baixa este volume, são 06:30 hs da manhã e eu ainda quero dormir!

— Meu caro José quantas vezes eu vou ter que lhe falar que aqui na Sonstronic nós amanhecemos mais cedo?

— E eu quantas vezes mais vou ter que lhe falar que isto já tornou-se poluição sonora?

— Acho melhor o senhor voltar a dormir seu José.

— Fique sabendo João Carlos que tenho conhecimento sobre a legislação municipal e posso multar-lhe por essa infração e sei que não terá dinheiro suficiente!

— Como assim, só estou fazendo o meu trabalho.

— Eu já disse.

— Tudo bem, vamos resolver amigavelmente este problema.

— Pois então vai ter horários, ouviu, horários! Vai ligar seu som durante as 10:00 hs da manhã até as 22:00 hs sem alterar o volume durante este período. Compreendeu?

— Sim, compreendi.

— Pena que você só aprende desta maneira.

FONTE: Acervo pessoal da autora.

Texto 4

Som Alto

Um homem chamado Paulo após uma noite de trabalho tenta dormir, mas não pode dormir porque o som alto de uma revendedora de carros que está ao lado de sua casa o atrapalha. Paulo vai para lá pedir satisfação:

— O senhor pode abaixar o som eu tenho que dormir já faz tempo.
— Sim eu já abaixo
mas se deitou e novamente o barulho aumentou.
— Porque você ergueu o volume?
— O gerente mandou.
— Pois fale a ele que irei chamar a Polícia
— Então chame! Irritado
— Está na lei já pegando o telefone.
— Já bem, você venceu eu abaixo.
— E que nunca mais isso se repita.

FONTE: Acervo pessoal da autora.

O diálogo – a mais emblemática das sequências, pelo menos sob o ponto de vista do trabalho de produção escrita textual – é, de fato, um fundamento para as práticas de conversação. Logo, em sua motivação teórica, de acordo com Adam (1999, 2008), a sequência dialogal modela práticas de linguagem oral verificadas nos atos comunicativos em geral, e não nos escolares.

Aqui, é o professor quem fica com a tarefa de fazer o alongamento necessário para chegar a uma proposta que contenha suas características definidoras: macroposições de controle fático e turnos semânticos conversacionais.

Nesse sentido, a professora foi mais do que feliz: comparou a atividade a uma transcrição de gravação. Detalhe: na contextualização de gêneros próprios dessa situação, vieram à baila as práticas de gravação e transcrição de entrevistas de jornalistas e/ou pesquisadores.

No entanto, o mais interessante aqui foi a inércia narrativa. Assim como na inércia opinativa, foi difícil promover a passagem para o diálogo puro, sem interferência de narrador. Nesse sentido, o Texto 3 respondeu à proposta, o Texto 2 pode ser encaminhado à reestruturação, e os Textos 1 e 4 são típicos casos de reescrita.

Formalmente, os traços mais pulsantes que aparecem como critério dos diálogos são os aspectos de pontuação e marcação de vozes, numa relação direta entre controle discursivo e domínio dos recursos convencionais.

TABELA 3.6 – TABELA AVALIATIVA: AVALIAÇÕES DE TRANSCRIÇÃO DIALOGAL SOBRE EMBATE ENTRE VENDEDOR E VIZINHO

Critérios relativos a	Conceitos/notas		
	Precário	Razoável	Satisfatório
Discurso: presença das vozes participantes da conversação	2	1 4	3
Apresentação do embate de posicionamentos		1 2 4	3
Justificativas de ambos os posicionamentos		1 2	3 4

	1	2	3	4	5	6	7	8	9	10
Marcadores de fala				2	1			4		3
Pontuação				2	1			4		3
Regras gramaticais (concordância, ortografia etc.)				2	1			4		3
Nota final					2	1			4	3

Com esse trabalho de apresentação e avaliação de textos de diferentes gêneros, orientados para as sequências textuais postuladas pela teoria sociocognitivista de Adam (1999, 2008), acreditamos termos sinalizado alternativas para a questão do julgamento avaliativo, quantificado em uma nota, processo que, por mais penoso que possa parecer, ao ganhar justificativas teóricas mais bem delimitadas, contorna o problema da insegurança associada à prática, verificada amplamente entre os professores.

Síntese

Neste capítulo, o objetivo foi essencialmente prático. Nossas propostas caminharam no sentido de explicitar alternativas de correção e de avaliação de textos, segundo o pressuposto fundamental do princípio de interpretabilidade de Charolles (2002).

Dado esse ponto de partida – de que sempre há algo a ser interpretado nos textos dos alunos –, as anotações orientadas pela tríade "discurso – sequências – gramática" revelaram-se vantajosas no sentido de driblar os problemas do distanciamento entre questão e nomenclatura, bem como da vagueza semântica presente nos comentários. Resumindo em um comando metodológico: vamos ser mais pontuais e objetivos e menos normativos. O aluno merece isso.

Na avaliação propriamente dita, propusemos que o caminho "discurso – sequências – gramática" pode ganhar sistematicidade com o auxílio de uma tabela avaliativa, que agrupa e hierarquiza critérios próprios de cada gênero e de cada situação metodológica de sala de aula. A proposta da tabela orienta-se não só para o levantamento das notas dos alunos (*omnis*), mas também para o levantamento do quadro das tendências de cada turma (*totus*). Além disso, essa técnica propõe-se manipulável não só pelos professores, mas também pelos alunos, em práticas de autoavaliação ou mesmo em avaliação por pares (entre os alunos).

Nesse sentido, aproximam-se os objetivos e a realidade de sala de aula, fortalece-se o dado de transição na avaliação de aprendizagem e criam-se oportunidades de o professor trabalhar contingências e congruências das vivências escolares: todos conceitos preconizados pelas teorias de avaliação (Stake, 1976) apresentadas no Capítulo 1. Resumindo em outro comando metodológico: vamos levar a sério o que fazemos em aula para depois avaliar. O aluno também merece isso.

> Para saber mais
>
> *Site*
>
> MANIA DE HISTÓRIA. **Copista medieval**. Disponível em: <http://maniadehistoria.wordpress.com/copista-medieval/>. Acesso em: 1 out. 2014.
>
> A tarefa dos copistas medievais era reconhecidamente heroica: transcrever os textos clássicos, fiéis à oralidade, à ordenação de uma disposição de escrita, em que se verificam a separação entre as palavras, as opções de pontuação e as convenções próprias da escrita. Foram eles que deram o formato do que hoje entendemos por *escrita*. Eram, efetivamente, grandes reescritores.

> **Filmes**
>
> SER e ter. Direção: Nicholas Philibert. França: Les Films du Losange, 2002. 104 min.
>
> O filme mostra a simplicidade da relação entre o professor e seus alunos em uma escola no interior da França. Por meio de várias situações, tanto engraçadas como emocionantes, *Ser e ter* nos traz a certeza de que o ato de ensinar é mais artesanal e humano do que o suporte ideológico das novas tecnologias.
>
> A LÍNGUA das mariposas. Direção: José Luis Cuerda. Espanha: Warner Sogefilms S.A., 1999. 96 min.
>
> Ambientado do início da Guerra Civil Espanhola (1936-1939), o filme mostra a história de um menino, seu pai e seu professor e o importante papel da comunidade escolar durante os acontecimentos políticos e sangrentos de um país.

Atividades

1. Conforme as dicas de anotações da Seção 3.2, insira comentários para orientação de reescrita no texto a seguir, já exposto no Capítulo 1, que contém uma sequência descritiva. Lembre-se de usar as flechas para indicar o lugar de suas sugestões.

Minha auto biografia

Meu nome é Andrei Vitor e meu pai se chamava Walter e minha mãe se chama Teresa e minha irmã se chama Natasha e meu irmão de um ano e sete meses, se chama Murilo. Eu nasci dia dez de junho de mil novecentos e noventa e quatro, dez e quinze da manhã. Eu gosto de ficar mais com meu irmão porque nós brincamos muito juntos e damos muitas gargalhadas.

O lugar que eu mais gosto de ficar é o jardim da casa da minha avó porque la eu ando de bicicleta , la é bem grande. Meus pequenos tesouros são as minhas conchas de praia que e pego sempre quando vou para lá, eu pego conchas faz cinco anos. Eu acho meu jeito de ser fascinante porque nunca estou nervoso e sempre estou de bem com a vida, em fim, sou perfeito como eu sou.

Eu acho importante para a relação de amigos a amizade, é claro e para relação de família nada mas que respeito, porque na minha família nós brigamos muito, a minha mãe sempre diz que é normal mas eu acho que é demais as vezes eu fico louco porque não tem um pai para ajudar minha mãe .a minha maior qualidade é meu bom humor e habilidade é jogar futebol .mais e sou goleiro, todo mundo acha que eu sou bom mais eu sou ruim.

Da que há dez anos eu já estarei namorando e se deus quiser com uma mulher bem bonita, acho eu, que estarei entrando no mercado de trabalho, eu acho que eu vou ser professor de educação física .

FONTE: Acervo pessoal da autora.

2. Os três textos a seguir (1, 2 e 3) são exemplos de produção textual para uma questão do processo seletivo da Universidade Federal do Paraná (UFPR) de 2009 (disponível no seguinte link: <https://www.nc.ufpr.br/concursos_institucionais/ufpr/ps2009/provas_2fase/cpt_ps2009.pdf>). Com base no enunciado da questão, converse com seus colegas e, em equipe, definam os critérios que entram na tabela avaliativa. Depois distribua as avaliações dos textos.

Texto 1

Com uma charge de Toninho, publicada no dia das eleições, a idéia de política está ligada ao esquecimento, os deslizes e à "sujeira" dos políticos. Com a figura de uma lixeira cheia de animais, entende-se que ela não é usada o ano, e que os bichos utilizam-na como moradia. Portanto, o faxineiro só limpara-a no dia das eleições, assim como os políticos que esquecem o que prometem e deixam para fazer em cima da hora.

Já numa charge de Lute, o autor se reporta a realização e a imaginação dos votos do político corrupto no país. Vista aos olhos da pessoa que sonha com outra realidade, que não é a atual em que os políticos prometem sempre mais e o cidadão inocente acredita e acha que votando estará melhorando sua vida, e que poderá ser o contrário. Enfim, ambas as charges refletem um mesmo ponto de vista ligado à política: prometer e não cumprir.

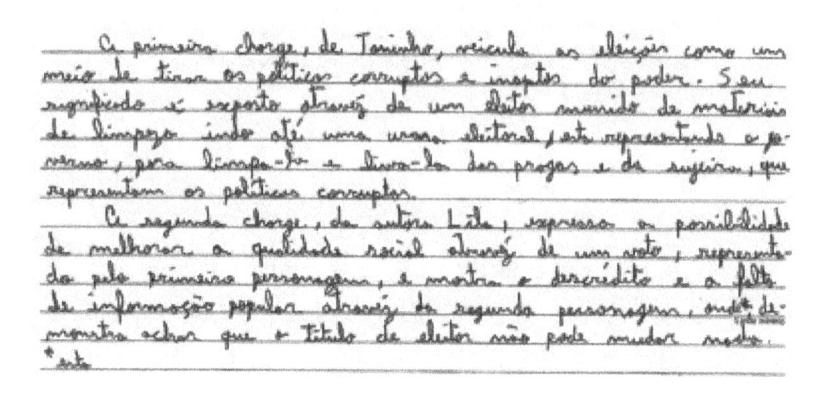

FONTE: Acervo pessoal da autora.

Texto 2

A primeira charge, de Toninho, veicula as eleições como um meio de tirar os políticos corruptos e ineptos do poder. Seu significado é exposto através de um eleitor munido de materiais de limpeza indo até uma urna eleitoral, esta representando o governo, para limpá-lo e tirar-lo das pragas e da sujeira, que representam os políticos corruptos.

A segunda charge, da autora Lute, expressa a possibilidade de melhorar a qualidade social através de um voto, representado pelo primeiro personagem, e mostra o descrédito e a falta de informação popular através do segundo personagem, onde demonstra achar que o título de eleitor não pode mudar nada.
*esta

FONTE: Acervo pessoal da autora.

Texto 3

[Manuscrito ilegível — caligrafia não decifrável com clareza suficiente]

FONTE: Acervo pessoal da autora.

Tabela avaliativa

Critérios relativos a	Conceitos/notas		
	Precário	Razoável	Satisfatório
Discurso			
Sequência textual			
	1 2 3 4 5 6 7 8 9 10		
Opções gramaticais			
Nota final			

3. A Seção 3.3 apresenta 17 textos de alunos da educação de jovens e adultos (EJA), que ilustram as sequências narrativa, descritiva, argumentativa, explicativa e dialogal. Conforme as orientações da Seção 3.2, desenvolva anotações nos textos, seja para reestruturação, seja para reescrita.

4. Colete textos de seus alunos de diferentes gêneros (publicidade, mapa turístico, apresentação oral etc.). Defina critérios de avaliação com seus colegas e utilize a tabela para montar um mapeamento de notas das turmas. Em seguida, mostre a seus alunos as notas com os textos devidamente numerados para que eles as justifiquem.

5. Após trabalhar algum gênero específico (narrativa, opinião etc.), solicite a seus alunos que estabeleçam os critérios de avaliação dos textos e promova a correção entre pares.

para concluir...

HÁ ALGUNS MESES, estava eu numa daquelas festas entre amigos de faculdade que não se veem há muitos anos e que, quando se encontram, ficam impressionados ao perceberem como todo mundo está envelhecendo... Todos com filhos, alguns mais velhos, já na faculdade, outros ainda em idade escolar – especialmente na faixa entre 12 e 15 anos.

Inevitavelmente, veio à tona um dos assuntos preferidos nessas conversas: a escola dos filhos. Disparam-se, então, os batidos comentários relacionados às dúvidas sobre a qualidade do trabalho do professor, às reclamações da infraestrutura, aos sustos com tanta indisciplina, às suspeitas com colegas líderes mal-encarados etc.

Como atuo na formação de professores – e gosto disso –, meus amigos ex-colegas de alguns resquícios de movimento estudantil me perguntaram sobre essas questões: "Por que o professor não dá mais conta da turma? É muita bagunça!" ou "O que está faltando para a escola? Como melhorar?", e outros tantos comentários mais perigosos, muitas vezes autobajulatórios ou justificatórios: "No meu tempo não era assim!" ou "No colégio do meu filho não é assim!".

O que dizer? Você, leitor, que é professor ou futuro professor, certamente já foi chacoalhado com esse tipo de pergunta. Mas a despeito do *nonsense* de querer responder a tudo (ou de os outros quererem perguntar tudo), são questões sobre as quais vale a pena refletir. E quero mesmo propor essa brincadeira para chegarmos à avaliação.

A primeira pergunta citada anteriormente refere-se à questão da indisciplina dos alunos, ou, visto por outro ângulo, à questão da autoridade do professor. Ora, vamos encarar essa reflexão de frente acreditando que a história molda nossas atitudes e ideologias. Em síntese, vamos brincar de materialismo dialético.

Não existe mais a autoridade de antigamente. Os valores das sociedades urbanas de classe média, de amplitudes para baixo ou para cima, deram conta de rarefazê-la. Na tríade "pai – professor – padre", percebemos que tanto o modelo familiar quanto o escolar e o religioso desfizeram a figura autoritária de seus baluartes a partir das décadas de 1960 e 1970. O que aconteceu nessa época? Questionamos os valores repressivos, tanto em ambientes culturalmente sedimentados, como a França e a Inglaterra, como em sociedades ainda amordaçadas por ditaduras militares. Queimamos sutiãs nas ruas, fizemos greves e piquetes transgressores, promovemos festivais com músicas denunciatórias, textos dramáticos com crítica subjacente etc. Resultado: aquilo que condenávamos nos movimentos de protesto perdeu valor moral na sociedade – e a autoridade foi uma dessas perdas. A figura do pai e, consequentemente, da família, enfraqueceu-se; a figura do padre ficou sem grandes funções sociais; e a figura do professor, sem o álibi de sua autoridade falsamente inerente. Logo, não dá para cobrarmos do professor o que não existe mais na sociedade. Na direção inversa, também não dá para cobrar do pai o controle autoritário de sua casa. São valores morais que vão remodelando nossas relações sociais, familiares e escolares.

Mas o trabalho artesanal, de sala de aula, do giz e do caderno, em que se discutem outros tantos valores e se (re)constroem outros tantos conhecimentos, este continua. A saída para o professor é investir em outros rótulos sociais que o mantenham respeitado, e o principal deles é o conteúdo. O professor que sabe do que está falando ganha ouvidos atentos de seus alunos, mesmo dos "testosterônicos" rapazes do 9º ano ou das "estrogênicas" tietes do 7º ano.

Esse é um conhecimento teórico de sua disciplina, da psicologia da faixa etária com que lida, da formação social de sua sociedade, e muito mais. Saber lidar com alunos adolescentes do final do ensino fundamental requer saber os problemas psicológicos por que passam alguns jovens pseudorrevoltados. Por que a revolta? Por que a necessidade de "peitar" e derrubar as figuras mais velhas?

Igualmente, saber lidar com os alunos reingressos na escola, da educação de jovens e adultos (EJA), com todos os seus problemas financeiros, sociais, emocionais etc., requer conhecer os movimentos históricos e sociais do Brasil que os condenaram a essa situação. Por que há resistência de alguns desses alunos em dominar o jargão do conhecimento científico? Por que há práticas escolares que mais distanciam do que aproximam o aluno?

Não há saída: as únicas "armas" que temos são o conhecimento e a reflexão orientada para o convívio (questionador e transgressor) com esses problemas. Resumindo, só estudando para encarar tudo isso. Da mesma forma, os pais de adolescentes também sabem que, na fase complicada da adolescência, não há outra saída a não ser diálogo, cumplicidade e companheirismo.

Automaticamente, desembocamos no segundo tipo de pergunta que meus amigos, ex-colegas de faculdade, me fizeram: "Como melhorar o trabalho do professor?". Eu insisto na mesma tecla: estudando. E isso tem a ver diretamente com programas de formação e capacitação de professores. E, claro, bons salários, boas condições de trabalho, bons planos de carreira... Mas, neste momento, nosso enfoque é teórico: temos necessidade de boa orientação teórica de estudo que leve a algum tipo de melhora na prática de avaliação. Logo, não adianta: vamos fazer o que fazemos melhor, que é estudar. Mesmo as práticas de sala de aula nos levam a isso.

Neste livro, espero ter apresentado alguma proposta no mínimo interessante e no máximo provocativa nesse sentido. Espero também que as correções e avaliações dos textos dos alunos possam ter algum norte, no intuito de contornar e transformar os problemas de (in)segurança ou (des)compaixão do professor. Ou melhor: espero ter sinalizado alguma saída para que reflitamos melhor sobre as síndromes que nos aleijam na escola – a síndrome da inércia pedagógica, a síndrome da ditadura curricular e a síndrome da resistência linguística. Chega de síndrome!

referências

ADAM, J. -M. A linguística textual: introdução à análise textual dos discursos. São Paulo: Cortez, 2008.

ADAM, J. -M. Les textes: types et prototypes – récit, description, argumentation, explication et dialogue. 4. ed. Paris: Nathan, 2001.

ADAM, J. -M. Linguistique textuelle: des genres de discours aux textes. Paris: Nathan, 1999.

ALMEIDA, N. M. de. Gramática metódica da língua portuguesa. 35. ed. São Paulo: Saraiva, 1979.

ANTUNES, I. Análise de textos: fundamentos e práticas. São Paulo: Parábola, 2010.

ANTUNES, I. Avaliação da produção textual no ensino médio. In: BUNZEN, C.; MENDONÇA, M. (Org.). Português no ensino médio e formação do professor. São Paulo: Parábola, 2006. p. 163-180.

ANTUNES, I. Lutar com palavras: coesão e coerência. São Paulo: Parábola, 2005.

BAGNO, M. **A norma oculta:** língua e poder na sociedade brasileira. 4. ed. São Paulo: Parábola, 2003.

BAGNO, M. **Preconceito linguístico:** o que é, como se faz. 6. ed. São Paulo: Loyola, 2001.

BAGNO, M.; STUBBS, M.; GAGNÉ, G. **Língua materna:** letramento, variação e ensino. São Paulo: Parábola, 2002.

BAKHTIN, M. M. **Estética da criação verbal.** São Paulo: M. Fontes, 1992.

BAKHTIN, M. M. **Marxismo e filosofia da linguagem.** 2. ed. São Paulo: Hucitec, 1981.

BARRIGA, A. D. Avaliação no marco das políticas para a educação superior: desafios e perspectivas. **Avaliação: Revista de Avaliação da Educação Superior,** v. 7, n. 2, p. 9-27, 2002.

BARROS, D. L. P. de. **Teoria do discurso:** fundamentos semióticos. 3. ed. São Paulo: Humanitas, 2002.

BARROS, D. L. P. de; FIORIN, J. L. **A fabricação dos sentidos:** estudos em homenagem a Izidoro Blikstein. São Paulo: Humanitas, 2008.

BEAUGRANDE, R. A. de; DRESSLER, W. U. **Introduction to Text Linguistics.** London/New York: Longman, 1981.

BERNARDO, G. **Redação inquieta.** 4. ed. São Paulo: Globo, 1991.

BONINI, A. A noção de sequência textual na análise pragmático-textual de Jean-Michel Adam. In: MEURER, J. L.; BONINI, A.; MOTTA-ROTH, D. (Org.). **Gêneros:** teorias, métodos, debates. São Paulo: Parábola, 2005. p. 208-236.

BRAIT, B. (Org.). **Bakhtin:** conceitos-chave. São Paulo: Contexto, 2010a.

BRAIT, B. (Org.). **Bakhtin:** conceitos-chave. 4. ed. São Paulo: Contexto, 2010b.

BRASIL. Ministério da Educação. Secretaria de Educação Básica. **Orientações Curriculares para o Ensino Médio:** Linguagens, Códigos e suas Tecnologias. Brasília, 2006.

BRASIL. Ministério da Educação. Secretaria de Educação Fundamental. **Parâmetros Curriculares Nacionais:** Língua Portuguesa. Brasília, 1997. Disponível em: <http://portal.mec.gov.br/seb/arquivos/pdf/livro02.pdf>. Acesso em: 17 nov. 2014.

BRONCKART, J.-P. Os tipos de discurso. In: BRONCKART, J.-P. **Atividade de linguagem, textos e discursos:** por um interacionismo sócio-discursivo. São Paulo: Educ, 2003. p. 137-139.

BULLYING. In: **Dicionário Aulete**. Disponível em: <http://www.aulete.com.br/bullying>. Acesso em: 10 dez. 2014.

CALLIGARIS, C. **A adolescência**. São Paulo: Publifolha, 2000. (Coleção Folha Explica).

CASTILHO, A. T. de. **Nova gramática do português brasileiro**. São Paulo: Contexto, 2010.

CAVALCANTE, M. M. Anáfora e dêixis: quando as retas se encontram. In: KOCH, I. V.; MORATO, E. M.; BENTES, A. C. (Org.). **Referenciação e discurso**. São Paulo: Contexto, 2005.

CAVALLO, G.; CHARTIER, R. (Org.). **História da leitura no mundo ocidental**. Tradução de Fúlvia Mortto; Guacira M. Machado; José Antônio de M. Soares. São Paulo: Ática, 1998.

CHAROLLES, M. Introdução aos problemas da coerência dos textos. In: GALVEZ, C. (Org.) **O texto:** leitura e escrita. Campinas: Pontes, 2002.

CHOMSKY, N. **Aspects of the Theory of Syntax**. Cambridge, MA: The MIT Press, 1965.

COSTA VAL, M. da G. **Redação e textualidade**. São Paulo: M. Fontes, 1991.

CUNHA, C.; CINTRA, L. F. **Nova gramática de português contemporânea**. 2. ed. Rio de Janeiro: Nova Fronteira, 1988.

DISCINI, N. **O estilo nos textos**. São Paulo: Contexto, 2003.

DOLZ, J. Learning Argumentative Capacities: A Study of the Effects of a Systematic and Intensive Teaching of Argumentative Discourse in 11-12 Year Old Children. **Argumentation**, v. 10, p. 227-251, 1996.

DOLZ, J.; SCHNEUWLY, B. Gêneros e progressão em expressão oral e escrita: elementos para reflexões sobre uma experiência suíça (francófona). In: DOLZ, J.; SCHNEUWLY, B. (Org.). **Gêneros orais e escritos na escola**. São Paulo: Mercado de Letras, 2004a. p. 41-70.

DOLZ, J.; SCHNEUWLY, B. Os gêneros escolares: das práticas de linguagem aos objetos de ensino. In: DOLZ, J.; SCHNEUWLY, B. (Org.). **Gêneros orais e escritos na escola**. São Paulo: Mercado de Letras, 2004b. p. 71-91.

DUBOIS, D.; MONDADA, L. Construction des objets de discours et catégorisation: une approche des processus de référenciation. **Tranel, Travaux Neuchâtelois de Linguistique**, v. 23, n. 23. p. 273-302, 2001.

DUCROT, O. **O dizer e o dito**. Campinas: Pontes, 1987.

FABRE-CLOS, C. **Réécrire à l'école et au collège**: de l'analyse dês brouillons à l'écriture accompagnée. Paris: Elsevier Business Information, 2002.

FAIRCLOUGH, N. **Discurso e mudança social**. Brasília: Universidade de Brasília, 2001.

FARACO, C. A. (Org.). Ensinar x Não ensinar gramática: ainda cabe esta questão? **Calidoscópio** (Unisinos), São Leopoldo (RS), v. 04, n. 01, p. 15-26, 2006. Disponível em: <http://revistas.unisinos.br/index.php/calidoscopio/article/view/5983/3161>. Acesso em: 5 fev. 2015.

FARACO, C. A. **Estrangeirismos**: guerras em torno da língua. São Paulo: Parábola, 2001.

FARACO, C. A. **Norma culta brasileira**: desatando alguns nós. São Paulo: Parábola, 2008.

FARACO, C. A.; TEZZA, C. **Prática de texto para estudantes universitários**. 8. ed. Petrópolis: Vozes, 2001.

FÁVERO, L. L. **Coesão e coerência textuais**. 3. ed. São Paulo: Ática, 1995.

FÁVERO, L. L.; KOCH, I. G. V. Contribuição a uma tipologia textual. **Letras & Letras**, Uberlândia, Departamento de Letras/UFU, v. 3, n. 1, p. 3-10, jun. 1987.

FIGUEIRA, R. A. A criança na língua. Erros de gênero como marcas de subjetivação. **Caderno de Estudos Linguísticos**, Campinas, v. 47, n. 1-2, p. 29-47, 2005. Disponível em: <http://revistas.iel.unicamp.br/index.php/cel/article/viewFile/1512/1077>. Acesso em: 17 nov. 2014.

FIORIN, J. L. **Em busca do sentido**: estudos discursivos. São Paulo: Contexto, 2008.

FIORIN, J. L. **Introdução ao pensamento de Bakhtin**. São Paulo: Ática, 2006.

FIORIN, J. L.; SAVIOLI, F. P. **Para entender o texto**: leitura e redação. 7. ed. São Paulo: Ática, 1993.

FISCHER, S. R. **História da leitura**. Tradução de Claudia Freire. São Paulo: Ed. Unesp, 2006.

FRANCHI, C. **Hipóteses para uma teoria funcional da linguagem**. 449 f. Tese (Doutorado em Linguística) – Universidade Estadual de Campinas, Campinas, 1976.

FRANCHI, C. Linguagem: atividade constitutiva. **Revista do GEL**: Grupo de Estudos Linguísticos do Estado de São Paulo, São Paulo, n. esp., p. 37-74, 2002.

GERALDI, J. W. **Portos de passagem**. São Paulo: M. Fontes, 1991.

GNERRE, M. **Linguagem, escrita e poder**. 3. ed. São Paulo: M. Fontes, 1994.

HALLIDAY, M. A. K.; HASAN, R. **Cohesion in English**. London: Longman, 1976.

HEIDERMANN, W.; WEININGER, M. (Org.). **Humboldt**: Linguagem, Literatura, Bildung. Florianópolis: Ed. da UFSC, 2006.

HIGOUNET, C. **História concisa da escrita**. Tradução de Marcos Marcionilo. São Paulo: Parábola, 2003.

INEP – Instituto Nacional de Estudos e Pesquisas Educacionais Anísio Teixeira. **Guia para elaboração de itens de Língua Portuguesa**. Brasília: Inep, 2004.

INEP – Instituto Nacional de Estudos e Pesquisas Educacionais Anísio Teixeira. **Técnico em informações educacionais**. fev. 2008. Disponível em: <http://download.inep.gov.br/download/Concurso/prova_medio.pdf>. Acesso em: 17 nov. 2014.

JAKOBSON, R. Linguística e poética. In: JAKOBSON, R. **Linguística e comunicação**. São Paulo: Cultrix, 1995. p. 118-162.

JOUVE, V. **A leitura**. São Paulo: Ed. Unesp, 2002.

KENSKI, R. Vencendo na raça. **Superinteressante**, São Paulo, ed. 187, p. 42-50, abr. 2003. Disponível em: <http://super.abril.com.br/historia/vencendo-raca-443755.shtml>. Acesso em: 18 nov. 2014.

KOCH, I. G. V. **A coesão textual**. São Paulo: Contexto, 1989.

KOCH, I. G. V. **Introdução à linguística textual**. São Paulo: M. Fontes, 2004.

KOCH, I. G. V.; ELIAS, V. M. **Ler e compreender**: os sentidos do texto. São Paulo: Contexto, 2008.

KOCH, I. V.; MARCUSCHI, L. A. Estratégias de referenciação e progressão referencial na língua falada. In: ABAURRE, M. B. M.; RODRIGUES, Â. C. S. (Org.). **Gramática do português falado**. Campinas: Ed. da Unicamp, 2002. p. 31-56.

KOCH, I. G. V.; TRAVAGLIA, L. C. **Texto e coerência**. 7. ed. São Paulo: Cortez, 2000.

MAINGUENEAU, D. E. Cenografia, incorporação. In: AMOSSY, R. (Org.). **Imagens de si no discurso**: a construção do ethos. São Paulo: Contexto, 2005. p. 69-92.

MANGUEL, A. **Uma história da leitura**. Tradução de Pedro Maia Soares. São Paulo: Fischer, 2006.

MARCUSCHI, L. A. **Análise da conversação**. São Paulo: Ática, 1986.

MARCUSCHI, L. A. Rumos atuais da linguística textual. In: SEMINÁRIO DO GRUPO DE ESTUDOS LINGUÍSTICOS DO ESTADO DE SÃO PAULO – GEL, 67., 1998, São José do Rio Preto. **Anais**... Campinas: Ed. da Unesp, 1998.

MARCUSCHI, L. A. Anáfora indireta: o barco textual e suas âncoras. In: KOCH, I. V.; MORATO, E. M.; BENTES, A. C. (Org.). **Referenciação e discurso**. São Paulo: Contexto, 2005 p. 53-101.

MILANEZ, W. **Pedagogia do oral**: condições e perspectivas para sua aplicação no português. Campinas: Sama, 1993.

NEVES, M. H. de M. **A gramática**: história, teoria e análise, ensino. São Paulo: Ed. da Unesp, 2002.

NEVES, M. H. de M. **Gramática de usos do português**. São Paulo: Ed. da Unesp, 2000.

NEVES, M. H. de M. **Texto e gramática**. São Paulo: Contexto, 2006.

NC-UFPR – Núcleo de Concursos da Universidade Federal do Paraná. Processo seletivo 2009. 7 dez. 2008. Disponível em: <http://www.nc.ufpr.br/concursos_institucionais/ufpr/ps2009/provas_2fase/cpt_ps2009.pdf>. Acesso em: 27 fev. 2015.

OLBRECHTS-TYTECA, L.; PERELMAN, C. **Tratado da argumentação**. São Paulo: M. Fontes, 1996.

PARANÁ. Secretaria de Educação e Cultura. **Manual do professor primário do Paraná**: 2ª série. 2. ed. Curitiba, 1965. v. II.

PARANÁ. Secretaria de Estado da Educação. **Caderno AVA 2000** – Língua Portuguesa: uma análise pedagógica. Curitiba, 2001.

PARANÁ. Secretaria de Educação e Cultura. **Diretrizes Curriculares da Educação Básica**: Língua Portuguesa. Curitiba, 2008. Disponível em: <http://www.educadores.diaadia.pr.gov.br/arquivos/File/diretrizes/dce_port.pdf>. Acesso em: 28 fev. 2015.

PÉCORA, A. **Problemas de redação**. 4. ed. São Paulo: M. Fontes, 1992.

PERINI, M. A. **A língua do Brasil amanhã e outros mistérios**. São Paulo: Parábola, 2004.

PERINI, M. A. **Estudos de gramática descritiva**: as valências verbais. São Paulo: Parábola, 2008.

PERINI, M. A. **Gramática descritiva do português**. São Paulo: Ática, 1995.

PERINI, M. A. **Gramática do português brasileiro**. São Paulo: Parábola, 2010.

PERINI, M. A. **Sofrendo a gramática**. São Paulo: Ática, 2001.

PLATÃO. **Fedro**. São Paulo: M. Claret, 2004.

POSSENTI, S. **A cor da língua e outras croniquinhas de linguística**. Campinas: Mercado de Letras, 2001.

POSSENTI, S. **Discurso, estilo e subjetividade**. São Paulo: M. Fontes, 1988.

POSSENTI, S. Indícios de autoria. **Perspectiva**, Florianópolis, v. 20, n. 1, p. 105-124, 2002.

POSSENTI, S. **Por que (não) ensinar gramática na escola**. Campinas: Mercado de Letras, 1996.

RAMALHO, V.; RESENDE, V. de M. **Análise do discurso crítica**. São Paulo: Contexto, 2007.

REBOUL, O. **Introdução à retórica**. São Paulo: M. Fontes, 1998.

ROBINS, R. H. **Pequena história da linguística**. São Paulo: Ao Livro Técnico, 1983.

RODRIGUES, R. H. Os gêneros do discurso na perspectiva dialógica da linguagem: a abordagem de Bakhtin. In: MEURER, J. L.; BONINI, A.; MOTTA-ROTH, D. (Org.). **Gêneros**: teorias, métodos, debates. São Paulo: Parábola, 2005. p. 152-183.

ROJO, R. Gêneros do discurso e gêneros textuais: questões teóricas e aplicadas. In: BONINI, A.; MEURER, J. L.; MOTTA-ROTH, D. (Org.). **Gêneros**: teorias, métodos, debates. São Paulo: Parábola, 2005. p. 184-207.

RUIZ, E. D. **Como corrigir redações na escola**. São Paulo: Contexto, 2010.

SAEED, J. **Semantics**. 2. ed. Oxford: Blackwell Publishing, 2005.

SCHERRE, M. M. P. **Doa-se lindos filhotes de poodle**: variação linguística, mídia e preconceito. São Paulo: Parábola, 2005.

SCHNEUWLY, B. Gêneros e tipos de discurso: considerações psicológicas e ontogenéticas. In: DOLZ, J.; SCHNEUWLY, B. (Org.). **Gêneros orais e escritos na escola**. São Paulo: Mercado de Letras, 2004. p. 21-39.

SIGNORINI, I. (Org.). **Gêneros catalisadores**: letramento e formação do professor. São Paulo: Parábola, 2006.

SIGNORINI, I. **Investigando a relação oral/escrito e as teorias do letramento**. Campinas: Mercado de Letras, 2001.

SILVA, R. V. de M. **O português são dois**: novas fronteiras, velhos problemas. São Paulo: Parábola, 2004.

STAKE, R. E. **The Countenance of Educational Evaluation**. Illinois, 1976. 18f. Trabalho acadêmico – Center for Instructional Research and Curriculum Evaluation, University of Illinois. Disponível em: <http://www.ed.uiuc.edu/circe/Publications/Countenance.pdf>. Acesso em: 1 set. 2010

TALMY, L. **Toward a Cognitive Semantics**. London: The MIT Press, 2000.

TRAVAGLIA, L. C. **Gramática e interação:** uma proposta para o ensino de gramática. 12. ed. São Paulo: Cortez, 2008.

UFPR – Universidade Federal do Paraná. Setor de Ciências Humanas. Programa de Pós-Graduação em Letras. **Edital de Seleção – 001/2013.** 2013. Disponível em: <http://www.prppg.ufpr.br:8080/teste/sites/default/pgletras/Edital-001-Selecao2013-14.pdf>. Acesso em: 27 fev. 2015.

WACHOWICZ, L. A. A dialética da avaliação da aprendizagem na pedagogia diferenciada. In: CASTANHO, S.; CASTANHO, M. E. (Org.). **O que há de novo na educação superior:** do projeto pedagógico à prática transformadora. Campinas: Papirus, 2000. p. 95-131.

WACHOWICZ, T. C. **Análise linguística nos gêneros textuais.** Curitiba: Ibpex, 2010.

WACHOWICZ, T. C. et al. O que está por trás da avaliação das redações do vestibular? **Educar em Revista**, n. 22, p. 315-333, 2003. Disponível em: <http://ojs.c3sl.ufpr.br/ojs/index.php/educar/article/view/2186>. Acesso em: 27 fev. 2015.

respostas

um

Atividades

1. Trata-se de um questionário de caráter subjetivo sobre as práticas avaliativas dos professores. Cada professor-leitor precisa sentir-se absolutamente à vontade ao responder às cinco questões, comparar suas respostas com seus colegas e promover uma discussão. Uma pista para que a reflexão e/ou discussão sejam produtivas é a provocação da questão 3 ("Seus comentários na correção e seus critérios de avaliação têm alguma relação com as teorias de gêneros textuais?"), especialmente quanto à proposta de embasamento relativo a teorias de gêneros no momento da correção, tema do Capítulo 3.
2. A questão já aponta para uma avaliação seletiva. Isso é confirmado na página da qual foram extraídos o texto e suas questões. A tabela aponta para as características na avaliação seletiva: **quem é avaliado** são candidatos a algum "concurso"; o **objetivo** é o ranqueamento de um grupo de

indivíduos; os **dados avaliados** são antecedentes, ou seja, fazem parte do conhecimento dos candidatos, não visíveis e tampouco conhecidos pelos responsáveis pela prova; e, finalmente, o **foco do trabalho** desse tipo de avaliação é um resultado: a lista hierarquizada dos candidatos.

Quanto às possíveis respostas às questões sobre o texto, são elas, respectivamente: D, B, D, A, D.

3. Se a proposta é um texto opinativo sobre os apelidos, o importante na prática anterior à produção é justamente o professor levantar opiniões e divergências dos alunos em relação ao tema: há os que são a favor e os que são contra os apelidos, e pode haver também os que acham que existem dois lados. No entanto, mais importante ainda é o professor levantar os argumentos que podem sustentar diferentes posições. Por exemplo: se um aluno disser que é "contra os apelidos" porque eles magoam a pessoa, a "mágoa" é um argumento do tipo causa/consequência, enquanto o fato de ele ser contra já configura sua opinião. A estrutura argumentativa é desenvolvida no Capítulo 2.

4. A resposta aqui é evidentemente pessoal, pois cada professor deve trazer à tona uma experiência de avaliação sobre a oralidade. O importante é o professor vislumbrar que a oralidade não se avalia pela *performance*, entonação, imposição de voz, segurança etc. A questão central a ser avaliada no aluno é o domínio, mesmo que na oralidade, de seu propósito comunicativo. Por exemplo: se o objetivo é expor o modo de funcionamento de uma escola, o aluno deve entrar no grau de detalhamento de uma descrição interessante ao seu público-alvo, normalmente os colegas, e eximir-se de emitir suas opiniões; se o objetivo é contar uma história de família, seu ato comunicativo deve contemplar as etapas básicas da narração: descrição, ações, complicação, solução e moral final. A estrutura descritiva e a narrativa, bem como a argumentativa, a explicativa e a

dialogal, são desenvolvidas no Capítulo 2. O foco de nossa proposta aqui é que os atos comunicativos orais também acompanham estruturas dos gêneros listadas anteriormente, e é esse o foco para as opções sobre a avaliação da apresentação oral.

5. Trata-se das questões conclusivas do Capítulo 1, após serem apresentados os pontos principais da definição de uma avaliação:

> A avaliação é **formal**? Qual foi a avaliação **informal** precedente?
> A avaliação pretende ser **descritiva** ou de **julgamento**? Ou vai envolver as duas?
> A avaliação enfatizará os **antecedentes**, a **transição** ou os **resultados**? Ou a combinação de tudo?
> Em que medida ela reflete as **contingências** da realidade observada? E como as resolve?
> Ela indica a **congruência** entre **realidade e objetivo(s)**? Como?

Logo, para o trabalho avaliativo sobre narrativa numa turma de educação de jovens e adultos (EJA), a avaliação será formal se resultar em índices de resultado (nota 7,0, aprovado no bimestre, por exemplo) e será informal se o professor somente quiser checar o "termômetro" da narrativa entre os alunos. A avaliação será descritiva se listar as capacidades narrativas verificadas nos alunos e será de julgamento se a observação resultar numa espécie de rótulo do tipo "alcançou os objetivos" *versus* "não alcançou os objetivos" ou, ainda, "alcançou parcialmente os objetivos".

Quanto aos dados avaliados, o professor provavelmente avaliará a combinação dos antecedentes – visto que já teria sido feito um trabalho prévio em narrativa de outro professor –, da transição – dado que ele mesmo deve trabalhar a estrutura narrativa em sala – e de resultados – já que ele precisa chegar a um panorama das habilidades ao final da avaliação para encaminhar procedimentos administrativos da escola.

Sempre haverá contingências, como temas mais constrangedores e polêmicos em meio a alunos adolescentes (sexo, drogas, diálogo com os pais etc.) ou o tema das cotas raciais nas universidades públicas. O professor pode trabalhar o "perigo" de esses temas desembocarem em textos opinativos e não narrativos. No máximo, seria interessante o professor dizer que as narrativas podem funcionar como argumentos do tipo "ilustração" em outra proposta argumentativa. Essas etapas conjugadas seriam interessantes para o aluno visualizar a proposta narrativa e a argumentativa. Haverá congruência entre realidade e objetivos quando o professor se certificar de que os resultados da avaliação refletem o trabalho em sala de aula. Se a narrativa for pouco trabalhada, ficará difícil alcançar plenamente o objetivo da produção narrativa.

dois

Atividades

1. O Texto A parece ser o mais bem estruturado dos três textos, na medida em que deixa mais claro quais são as macroposições da argumentação logo no primeiro parágrafo:

   "Em uma sociedade onde a internet, a cada dia que passa, tem mais importância e necessidade para todos, ao mesmo tempo que esta colabora para o crescimento pessoal de uma forma mais cômoda aos seus usuários, também cria o que alguns poderiam chamar de "desvantagens."

Na sequência, o texto desenvolve o argumento causa da "pirataria" e os argumentos exemplo da acessibilidade aos CDs e aos livros. Veja uma proposta de "mapa" do texto:

Fato: Internet	Em uma sociedade onde a internet, a cada dia que passa, tem mais importância e necessidade para todos, ao mesmo tempo
Tese	que esta colabora para o crescimento pessoal de uma forma mais cômoda aos seus usuários, também cria o que alguns poderiam chamar de "desvantagens".
Argumento causa: pirataria	A internet agora é uma ferramenta "mais do que completa", já que afinal, lá você pode fazer desde pesquisas e trabalhos, até baixar filmes, músicas e agora livros. Toda essa considerável "pirataria" prejudica (e muito) as empresas que os vende legalmente, até porque pela internet tudo é mais barato (e muitas vezes "de graça" mesmo). Então, porquê essas empresas não tomam alguma atitude com relação à preços de seus cd's, livros e etc.? Para que estes estejam mais acessíveis a todos, já que é um absurdo, chegar a pagar até 70 reais por um cd do seu cantor predileto, ouvir umas duas ou três vez e o deixar guardado na prateleira com todos os outros.
Tese	Mesma base quanto aos livros.
	Há livros caríssimos e que muitas vezes necessitamos para a faculdade, trabalho ou até mesmo pelo simples prazer da leitura daquele tipo textual. Mas uma vez aquela singela pergunta... Porque não diminuirem os preços? Com certeza, se isso acontecesse, muitas pessoas deixariam de baixar esses livros da internet (muitas vezes correndo o risco de "pegar" uma versão mais compacta, ou até mesmo expandida) se sentariam toda noite em sua confortável cama para ver o velho e bom livro impresso.

Os Textos B e C trazem um problema de delimitação da tese. Não fica claro se o aluno é a favor ou contra os *e-books*. O Texto B, por exemplo, traz o adjetivo "drásticas", que sugeriria um posicionamento contrário. Em seguida, vem o adjetivo "mais fácil" em "tornar a vida de todos mais fácil", o que sugeriria um posicionamento a favor do *e-book* e da internet em geral. Na sequência, há duas citações, aparentemente contraditórias, da professora Giselle Beiguelman, da Pontifícia Universidade Católica de São Paulo (PUC-SP), e do executivo e escritor Jason Epstein, que funcionaram talvez como argumento e contra-argumento. Uma orientação para a reescrita, como é visto no Capítulo 3, deve contemplar essas questões centrais: "Afinal, aluno do texto B, você é contra ou a favor? Isso não ficou claro no texto...".

Já o Texto C é mais explícito e talvez possa ser orientado a uma argumentação baseada na contradição (o *e-book* é ruim porque tem fontes duvidosas, mas é bom porque traz "compensação financeira"). A orientação à reescrita talvez precise reforçar a necessidade de um posicionamento mais evidente no último parágrafo. Veja o mapa das macroposições:

	Vejo na internet um caminho sem fronteiras. Posso com um "click" encontrar de "tudo". É um meio de comunicação. Quando usado com finalidades construtivas, não impõe limites sociais, econômicos e principalmente geográficos.
Fato
	Mas nem tudo na internet é bom, com conteúdo de qualidade. A falta de autoria em alguns artigos me levam a duvidar da sua autenticidade. Não vejo credibilidade em muitos temas.
argumentos pelo lado negativo	Um bom exemplo são os e-books de fontes duvidosas. Se editados com autoria e devidamente credenciados é um avanço na comunicação da sociedade. Que bom termos acesso a livros de temas e autores diversos.
argumentos pelo lado positivo	Além da possibilidade de consultar vários e-books para realizar uma pesquisa tenho uma compensação financeira por não precisar adquirir todos esses livros. Existe também a questão geográfica, onde encontrá-los.
Tese	Considero ainda uma modernidade ainda em crescimento que deve ser utilizada com responsabilidade e consciência.

Articulador da contradição

Por definição (e esperamos que isso tenha ficado claro no capítulo), as sequências textuais, de acordo com Adam (1999, 2008), são construções abstratas dos textos. É como se tivéssemos que "levitar" para chegar à estrutura sociocognitiva argumentativa, narrativa, descritiva, explicativa ou dialogal. Ou seja, os textos não funcionam como caixinhas organizadoras das macroposições. Às vezes, na argumentação, por exemplo, a antítese encerra o texto; às vezes, a própria tese ocupa esse lugar. Nos artigos de opinião de imprensa escrita, no entanto, o fato costuma encabeçar o texto, uma vez que, pela sua condição social de produção, as opiniões versam sobre notícias atuais.

Logo, a proposta de mapeamento das macroposições pode variar, a depender da interpretação de cada um, bem como as expressões linguísticas que as sustentam podem se multiplicar. O exercício dessa leitura, tão objetiva quanto relativa, faz parte da proposta das atividades deste livro, posto que nosso objeto de análise – o texto – é, por definição, plástico e irreverente, tendo estrutura subjacente relativamente estável.

2. Tendo sequência descritiva, o texto-palestra "Problemas ambientais" traz como **tematização** "os problemas ambientais dos grandes centros urbanos". Na **aspectualização**, o texto divide o tema em três subtemas: "a carência das áreas verdes", "alguns problemas urbanos", citando o autor supostamente lido pelo professor e pelo aluno, e "microclima específico da água". Os três subtemas funcionam como turnos semânticos do contexto oral. Não verificamos macroposições de relação e retomada.

Uma proposta de transcrição ao padrão culto escrito deve contemplar essa sequência, no exercício de eliminação das marcas de oralidade (expressões discursivas, repetições, quebras etc.). A primeira frase do texto, por exemplo, poderia ficar assim: "Relativamente ao tema dos problemas ambientais dos grandes centros urbanos, pode-se verificar que as grandes e médias cidades são sempre mais poluídas que as cidades do interior ou do meio rural, pois apresentam problemas de lixo, de esgoto, bem como de poluição sonora e visual".

3. A escolha dos textos publicitários, evidentemente, é pessoal. Mas podemos citar o exemplo das páginas publicitárias do Banco do Brasil (BB), cujo argumento central é a figura do cliente em seu meio profissional. Já a Caixa Econômica Federal (CEF) concentra sua argumentação publicitária no caráter emotivo do cliente (de baixa ou média renda): o projeto da casa própria.

três
Atividades

1. O problema de inserir uma resposta para esse tipo de atividade é que ela, se única, contraria a própria concepção de trabalho do professor, que deve ter, fundamentalmente, autonomia teórica e metodológica. Neste livro, a proposta é respaldar um trabalho de correção de textos que se baseie não só na forma (gramática) e no conteúdo (discurso), mas também – e relacionalmente – na estrutura subjacente ao gênero textual (narrativa, descritiva, argumentativa, explicativa e dialogal), segundo a proposta de sequências textuais de Adam (1999, 2008).

2. Novamente, o importante aqui é que a equipe corretora tenha autonomia de discussão e que tenha claros os critérios discursivo, sequencial e formal. Uma discussão prévia ajuda a delimitar e evitar diferenças entre os corretores, especialmente em uma avaliação seletiva, como é o vestibular. A pista concentra-se no próprio enunciado. O discurso fica controlado pelo gênero *charge*, no contexto de produção das eleições de 2008. Uma charge faz uma crítica. Logo, os "pontos de vista veiculados pelos personagens" vão sintetizar essa tomada de posição.

   Quanto à estrutura da resposta, ela prevê uma comparação. A resposta do aluno seria basicamente um texto descritivo, em formato comparativo entre os "aspectos" da sequência, que controla a opinião presente no diálogo da charge. Não é o aluno quem dá a opinião. Ele apenas apresenta imparcialmente a interpretação da charge. No entanto, é comum observarmos a tendência de os candidatos ao vestibular caírem na cilada de sempre emitirem uma opinião.

   Os problemas formais, de convenção de escrita, como acentuação, pontuação e ortografia, entram como balizadores das notas derivadas do controle discursivo e do controle da proposta comparativa, conforme sugerido como metodologia de correção no Capítulo 3.

Uma sugestão de distribuição de notas e posterior atribuição final (nota final) dos Textos 1, 2 e 3 é a seguinte:

Critérios relativos a	Conceitos/notas									
	Precário			Razoável			Satisfatório			
Discurso (controle da crítica presente na charge)	3						1 2			
Sequência textual (controle da proposta descritivo-comparativa amarrada no enunciado)	3			2			1			
	1	2	3	4	5	6	7	8	9	10
Opções gramaticais (resposta aos padrões da norma culta)			3				2		1	
Nota final			3					2	1	

3. O volume de trabalho proposto nessa atividade é considerável. O ideal seria um trabalho em equipe, para discussão e anotações. A proposta seria distinguir as anotações relativas ao discurso, à sequência textual subjacente ao gênero e às opções gramaticais e formais.
4. Novamente, essa atividade tem caráter essencialmente localizado. Cada professor tem seu *"corpus"* de textos de alunos. Mas a atividade sugere um 'excelente truque metodológico no ensino de produção de textos: revelar aos alunos os critérios utilizados pelo professor. Isso traz consequências muito positivas, como o treino da capacidade de autocorreção, já que o aluno terá a ideia de "caminho" de sua nota pelos critérios, e a visualização, por parte não só do professor, mas também dos alunos, do "mapa" de notas da turma. Todos podem se perguntar: "Onde estamos 'errando' mais? O que precisamos melhorar nesse tipo de gênero textual?".
5. Como complemento à atividade 4, esta proposta sugere que o aluno se finja de professor e preencha a tabela com o número da redação de seu colega. Aqui, novamente, o aluno entra no mundo dos critérios do professor, aprende a dominá-los e avalia o texto de um colega. Como discutido no Capítulo 1, isso requer coragem por parte do professor. Os critérios, quando omitidos e segregados, configuram um instrumento de poder e hierarquização entre professor e alunos. Mas não há o menor sentido nisso, a não ser a manutenção de ordem opressora, tão arraigada no ambiente escolar. Professor não precisa causar medo com a nota de redação. Isso acontece normalmente por pura insegurança do mestre. De outra parte, o aluno tem o direito de saber onde ele está, o que está por trás do que ele escreve e, por fim, o que significa um 8,0, um 10,0 e um zero.

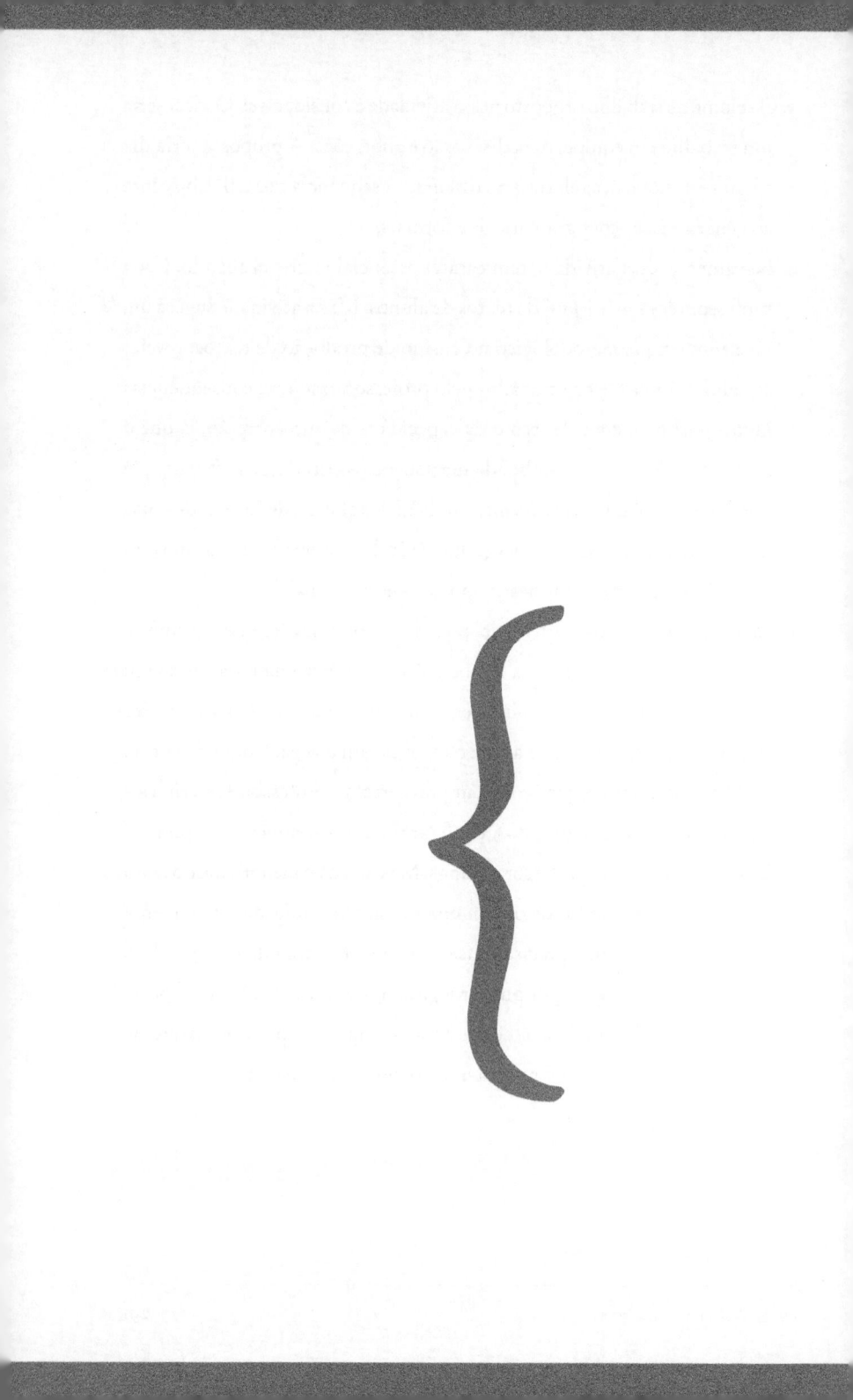

{

sobre a autora

❦ TERESA CRISTINA WACHOWICZ é pós-doutora na área de Aquisição de Linguagem pela Universidade Estadual de Campinas (Unicamp), doutora em Linguística pela Universidade de São Paulo (USP), mestre em Letras pela Universidade Federal do Paraná (UFPR) e graduada em Letras pela mesma instituição. Tem experiência como docente em cursos de capacitação de professores, concentradamente no ensino público. Nessa experiência, tão desafiadora quanto prazerosa, procura integrar teorias de gramática e texto e aplicá-las na orientação do trabalho dos professores de Língua Portuguesa da educação básica. Atualmente, é professora titular da UFPR.

Os papéis utilizados neste livro, certificados por instituições ambientais competentes, são recicláveis, provenientes de fontes renováveis e, portanto, um meio **responsável** e natural de informação e conhecimento.

FSC
www.fsc.org
MISTO
Papel | Apoiando
o manejo florestal
responsável
FSC® C103535

Impressão: Reproset